关键沟通

赵磊◎编著

中国纺织出版社

内 容 提 要

说话有条有理，不仅听的人可以准确地接受信息，自己在表达时也会更有底气。

本书解析了逻辑口才的方方面面，诸如逻辑习惯、逻辑推理、逻辑语言、逻辑定律等，阐述了语言表达和逻辑思维的联系，将会有效助你提升言语的严谨性与逻辑性，使你的语言充满逻辑性、极具权威性和可信度。

图书在版编目（CIP）数据

关键沟通／赵磊编著. --北京：中国纺织出版社，2019.11（2024.7重印）

ISBN 978-7-5180-6187-7

Ⅰ.①关… Ⅱ.①赵… Ⅲ.①心理交往—通俗读物 Ⅳ.①C912.11-49

中国版本图书馆CIP数据核字（2019）第088499号

责任编辑：李　杨　　责任校对：寇晨晨　　责任印制：储志伟

中国纺织出版社有限公司出版发行

地址：北京市朝阳区百子湾东里A407号楼　邮政编码：100124

销售电话：010—67004422　传真：010—87155801

http://www.c-textilep.com

中国纺织出版社天猫旗舰店

官方微博http://weibo.com/2119887771

永清县晔盛亚胶印有限公司印刷　各地新华书店经销

2019年11月第1版　2024年7月第3次印刷

开本：880×1230　1/32　印张：6.5

字数：128千字　定价：48.00元

前言

语言是思维的简化形式之一，高水准的口才一定是逻辑思维的火花迸溅。逻辑，对于语言沟通来说，显得尤为重要。生活中，不管是说话、演讲还是谈判，都需要有较强的组织语言的能力，没有这种能力就不可能有一张悬河之口，可以说，组织语言的能力就是口语表达能力的一项基本功，而语言的组织来自于逻辑思维的连接。若想修炼出色口才，必须培养良好的逻辑思维能力。

一个人说话，应该脑里先有框架图，先说什么后说什么，哪些话是用作铺垫，哪些话是用来结尾，哪些话是用来调节气氛，考虑细节缜密到遣词造句，这样才能最大限度发挥言语的力量。逻辑，往往在这些地方体现关键作用，这是语言条理化的必由之路。生活中，很多时候人们不是不会说，而是不会思考，思考不明白也就说不清楚。当人们在说一件事之前，通过逻辑思维去想事情发生的时间、地点和经过，在有了比较条理化的逻辑思维后，才会让自己的语言更加有理有据。

逻辑性的口才，与平时生活中的聊天是两码事，关于后者，你往往意识不到自己是在表达，因为聊天是比较随性、放松的。尤其是在公众场合发表个人观点的时候，人们应该充分调动自己的情绪和思想，边说边思考：接下来我该说什么？刚才我已经说过什么？我说出来的东西是否跟心里想的意思一样？我这种说听众可以听懂吗？这样思维的转换是转瞬即逝的，每一次的说话都是有序的输出，然后每次说完之后总结一下，寻找可以有效提高的地方。反复练习，个人言语逻辑性会大大提升，综合表达能力也会有所增强。

言语的逻辑性，可以使一个人的语言表达有理有据，更容易说服对方；思路清晰，言语表达由表及里、由浅入深，让听者更明白话题意图；言简意赅，多说无益，三句话说得清楚的事得用十句话，大多是逻辑性不强造成的。逻辑，为语言披上思维的魅力，从而让语言表达更有力量。

编著者

2019年5月

目录

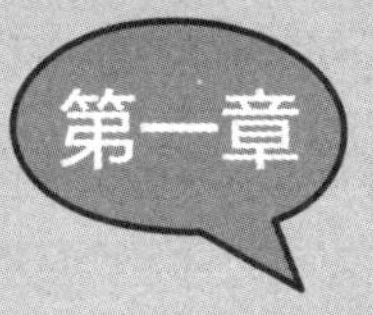

解码逻辑，出色口才的秘密

我们都知道，语言是人与人之间交流重要和普遍的方式，人在大部分时间都通过说话来交流，我们也都希望自己能拥有好口才，所以，提升自己的说话魅力对每个人来说都是十分重要的。但能说也要会说，要注重逻辑，这要求我们在平时的言语中多加注意，注重思维逻辑的训练，做到该说的说，不该说的不说，想好了再说，时间长了，自然就能练就好口才。

语言具有连贯性

语言是我们与人沟通、打交道最为重要的媒介，我们无时无刻不运用到语言，而当今世界竞争日益激烈，口才的重要性已经毋庸置疑，任何一个人，要想在社会上立足，除了要拥有参与竞争、迎接挑战所必备的知识和技能之外，得体的说话技巧、优秀的口才无疑会助你一臂之力，成为你迈向成功和幸福的阶梯。

会说话为我们生活带来的益处是多方面的，生活中，它是帮助我们开启与人沟通和情感交流的钥匙，掌握好说话的技巧，我们能获得天长地久的友谊和忠贞不渝的爱情，与他人产生误会时，它能帮助我们抹平彼此心灵上的创伤，更能帮助我们在商场、职场左右逢源，占尽上风。

可见，会说话是我们睿智和良好生活态度的表现。然而，我们发现一些人常被人们批评“少根筋”，因为他们在说话的时候总是不看情况地胡指瞎说，他们总在有意无意中说出不符合逻辑的话，如在寿宴上顺便推销人寿保险；对新郎新娘说今天喜宴的菜好吃极啦，下回别忘了再请我，我一定捧场；朋友要出门，出于好意告诉对方注意安全，却大谈今年发生了多少飞机失事的意外事故。这就是不会说话的表现，他们要么成为笑柄，要么伤害他人的情感，为对方带来不快。

有个叫刘大的人，他不善于说话，得罪了不少人。

有一次，刘大过50岁生日，特意邀了好友张三、李四、王五、赵六来家中欢聚。快要吃饭的时候，刘大看赵六还没有来，懊恼地说："该来的不来。"张三听了这句话心想："我们可能是不该来的。"于是拍拍屁股走了。刘大见张三莫名其妙地走了，就着急地说："哎呀！不该走的又走了。"李四一听，心想："看来我们是应该走的。"也就不告而别了。刘大见李四又走了，摊摊手对着王五讲："你看，我又不是讲他。"王五心想："你不是讲他，那一定是说我了。"于是气呼呼地拔腿就走。刘大不明究竟，吃惊地说："啊！怎么都走了？"

故事中的刘大其实并没有恶意，但很明显，他说出了不该说的话。其实，这些话如果在无外人的情况下说，并不会怎样，但因为当日是他的寿宴，他这样说很容易造成在座客人的误解，以为刘大是话中有话，"识趣"的人自然会自动离开。

其实，生活中不少人会在说话的时候犯这样的错误，这些粗心的人说话常常不经仔细思考，只顾自己把话说完，而忽略了"听者"闻后所想，结果无意中得罪了别人，却还不自知。

可以说，是否会说话一直是决定我们生活质量高低及事业优劣成败的重要因素。会说话者颇有一种不可思议的力量，能缓解周围紧张的气氛，能流利表达出自己的意图，把观念阐述得有条有理，一丝不乱，使别人心悦诚服地接受。

会说话的一个重要标志就是说话富有逻辑，只有这样，说话时才不会有漏洞，才不至于成为别人的笑柄。我们来看看下面的小故事：

小王是一个生活中的马大哈，是个没逻辑的人，不过倒也是大家的开心果。

一天晚上，他的妻子对他说："老公，我听婆婆说你在大学里逻辑学很好，很多数学题你都能轻松解答出来。"

小王听完很高兴，不过倒也谦虚地说："还好，嘿嘿。"

妻子接着说："今天儿子问了我一道题，我半天没想出来，要不你帮我看看吧？"

小王自信地说："好呀，问吧！"

妻子接着说："如果1等于5、2等于15、3等于235、4等于4115，那么5等于什么呢？"

小王听完之后拿出了纸笔和草稿纸进行演算，没想到他的妻子在一旁哈哈大笑起来："老公，你真笨，5当然等于1，前面都说了1等于5了，哈哈哈……"

这里，小王就是因为缺乏逻辑才被妻子笑话，可见逻辑思维在语言表达中的重要性。

任何人在一生中，无论有什么目标，无论选择什么样的生活方式，都不可能避免与人沟通，我们始终是生活在集体中的，而口才好不但是智慧和内涵的体现，更能让我们左右逢源，实现人生目标的第一步。可见，能灵活运用各类说话技巧，便拥有了打开成功之门的金钥匙。

逻辑口才

生活中，无论是演讲、说话还是论辩，都需要有较强的逻辑思维，唯有如此，才能拥有较强的组织语言的能力，说话没逻辑，也就不可能有一张悬河之口，而说话有逻辑是口语表达能力的一项基本功。

好言一句三冬暖，恶语伤人六月寒

英国有一句谚语：“一张能说的嘴是取之不尽、用之不竭的财富。”现实生活中，很多事情的圆满解决，就是在一张好嘴巴的作用下达成的。语言是交际之中不可或缺的工具。和谐的人际关系依赖于承载思想的语言交流。

在《战国策》中，名篇《触龙说赵太后》生动记载了赵国左师触龙的高超对话艺术。

公元前266年，赵惠文王去世，新君年幼，由他的母亲赵太后摄政。秦国趁赵国新君登基不久，国内动荡之际，派大军大举进攻。为了挽救危机，赵太后决定向齐国求救。齐国答应了赵国的请求，但是前提条件是要赵太后最喜欢的儿子长安君为人质。赵太后不肯答应，大臣们苦口婆心地劝谏都无效。

事关国家安危，触龙就决定再劝赵太后一次。太后怒气冲冲地等着他。触龙见状，就绝口不提长安君的事，而是和她大谈健康养生之类的话题，赵太后这才缓和了些颜色。

触龙请求赵太后给他的儿子舒祺在御林军中安排一个职务，赵太后爽快地答应了，又不解地问："你们男人也心疼自己的小儿子吗？"

触龙说："是的，比女人还有过之而无不及。"

太后却反驳说："在这方面你们男人是远远比不过女人的。"

触龙说："未必如此。其实男人和女人对孩子的爱是不同的。女人只是一味地溺爱，而男人却总能为孩子的将来作打算。"又说："我觉得，您疼爱燕后的程度远远超过了疼爱长安君。"

赵太后不认同他的观点，却示意他继续说下去。

触龙说："燕后出嫁以后，您每天都在想念着她。但是在您祭祀的时候，一遍遍地向上苍祈祷不要让她回来。您不就是为了让她在燕国长期待下去，希望她的儿孙一代代地做燕国的国君吗？"

太后说："是这样。"

触龙又说："在赵国，你赐给了长安君很多肥沃的土地，也给了他不少象征国家权力的礼器，我认为这不过是一种溺爱罢了，对长安君的将来并没有任何好处。您看，现在先王的子孙们还有几个保住荣华富贵的？真正疼爱自己的儿子，就要给他建功立业的机会，只有这样才能让他在国内站得住脚。试想，在您百年之后，身无寸功的长安君还能在赵国继续享受荣

华富贵吗？我认为您为长安君打算得太短了，因此，我认为您疼爱他不如疼爱燕后。”

太后听了，认为他说的话很在理，就说：“好吧，任凭您指派他吧！”

触龙利用父母喜欢疼爱孩子这一点，告诉赵太后疼爱并不等于溺爱的道理。他告诉赵太后，无端地给孩子太多的高官厚禄，只能给他带来杀身之祸。只有让孩子为国家作出一定的贡献，才能让他有资格在赵国站得住脚。触龙晓之以理、动之以情，最终说服了太后，使他同意将长安君作为齐国的人质，从而解除了赵国的危机。

这一历史故事告诉我们一言可以兴邦的道理，同时，对于我们个人来说，巧妙的言辞也起着至关重要的作用。

的确，每个人取得成功的方式可能是不相同的。有的人可能会凭借千载难逢的机遇；有的人可能借助于优越的家庭条件；有的人可能会通过深厚的学识，但是有一点是相同的，那就是丰厚的人脉关系。人脉关系绝非一朝一夕之功就能建立起来的，需要大量的感情投入，而投入感情的途径并不是物质上的给予那么简单，还需要通过口才的力量来征服对方的心理，从而获得别人真诚的支持和帮助。

每个人的知识、修养、性格、爱好、经历、习惯都有着异于他人的地方，但是人类也有一个共同的特点，那就是中国俗话中讲的 “士为知己者死，女为悦己者容”。我们要想成为别人的知己和欣赏者，除了需要无微不至地关心对方之外，更重要的是要在言语上下些功夫。许多成就大业的人，往往用短短的几句话就能换回别人的感动和真情，令别人死心塌地、心甘情愿地去效忠他、帮助他。

秦穆公有一匹千里马丢失了，被山上的野人逮住并杀掉美餐了一顿。秦穆公带人寻找马匹的时候，正好看见他们在吃马肉。随行的将领感到很气愤，就把他们抓了起来，要杀掉他们。秦穆公却阻止了将领，走上前去，解下了野人身上的绳索，拍了拍他们的肩膀说："我听说吃马肉如果不来点酒的话，就有些暴殄天物的意思了，这样吧，每个人赐给一坛酒，让他们吃饱喝足吧。至于惩罚就免了，我怎么能为了一匹马而伤害人的性命呢？"

几年之后，秦晋两国之间展开了一场战争。在战斗中秦军处于不利地位，秦穆公被晋军将领一枪刺落马下，正在这紧急关头，杀出一支几百人的野人队伍，将没有防备的晋军打得落花流水，不但救了秦穆公的性命，还将晋惠公俘虏，秦军大获全胜。

秦穆公回朝之后，要对这些野人进行赏赐，但被他们拒绝了。原来，他们就是当年那些吃马肉的人。当时秦穆公的一句话让他们感动不已，这次出手相救，只是为了报答当初秦穆公的恩德。

当然，我们说出的话，因为好坏的不同，结果可能也不相同，我们能说出让他人愉悦、达到我们目的的话，也有可能说出伤害心灵、损害人际关系的话。但总的来说，好的口才是一

种力量，更是一种资产。一个拥有好口才的人，也就拥有了一份独特的魅力，最终也将形成一种气质和风度。它能够帮助一个人在人群之中更好地凸显出自己的个性，在无形之中对别人产生深刻的影响，让一大批志同道合的人围聚在他的周围，心甘情愿地为他前驱，共同去创造美好的事业。

逻辑口才

如果想要让别人信服，就要在说话上下功夫，了解对方的性格和内心需要，做到充分了解之后，再对症下药。这样，哪怕是短短的几句话，也能起到十分显著的作用。

解析逻辑话语术

在人际交往中，人与人之间沟通的主要方式是语言，尤其是口头语言。但是我们发现，有不少人在说话时，因为逻辑性不够，而平时又不注重逻辑思维的训练，以致说话思维混乱、条理不清晰、前言不搭后语，在说话的时候，不但对方听不懂，就连自己也感到吃力，还影响到人际关系。

为此，我们有必要学习逻辑说话术，这是一种简单易懂的说话方式，是学习说话的基础方式，主要从逻辑思维的角度入手，帮助我们提升说话方式的基本技巧等。

不得不说，在现实生活中，很多时候我们不是不会说，而

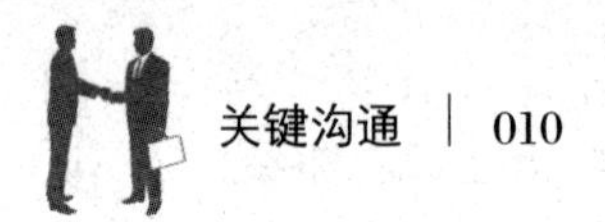

是不会思考，想不明白自然也就说不清楚。只有有了比较条理化的思维，才会让自己的语言更加有条理。

接下来，我们看看缜密的逻辑思维在口才中的重要性。有这样一则案例：

在某法庭上，正在进行一宗杀人案的审理，案件经过大概是：犯罪嫌疑人李某因为其女友父母不同意他们交往而狠心将女方一家三口全部杀害，而李某矢口否认这一点，接下来，法官对这一案件进行审理。

法官："李某，请将你的犯罪经过再陈述一次。"

李某："我已经陈述过很多次，这件事是因为我女朋友的父母先动手的，他们伤了我，我出于无奈才无心将他们杀了。"

法官："迫于无奈？真的是这样吗？好吧，既然如此，那接下来我问你一些问题，你如实回答。案发现场是在你和女朋友的出租屋内是不是？"

李某："是。"

法官："在案发之前，你女朋友的父母是不是经常去你们的出租屋？"

李某："不是，之前他们从没去过，当然，我也不希望他们去。"

法官："为什么不希望他们去？"

当法官问到这里的时候，李某突然害怕起来，深深地吸了一口气之后才渐渐平静。

李某："因为……因为他们身体状况不是很好，我们在外

面租的房子离他们家比较远。”

法官：“那么，他们去你出租屋的那天，是直接带着凶器或者刀去的，是不是？”

李某：“当然不是。”

法官：“他们到了之后是直奔厨房去的是不是？”

李某：“不是，是直奔客厅去的。”

法官：“即便他们是第一次去你的出租屋，到了之后也是直奔客厅，他们也还是比你更加熟悉这一出租屋的构造而知道厨房都有什么东西，是不是？”

当法官问到这里的时候，李某已经坐立不安了，他的脸上也开始渗出了豆大的汗珠。因为凶案现场就是厨房，而杀人的凶器就是厨房的菜刀，凶手李某虽然一直在回答法官的问题，却没想到法官会问到厨房的事，此时，他六神无主，只好全部招认，他声泪俱下地说：“法官，我承认这件事是我做的，我悔不当初，是我一时冲动……”

面对行为上的过错，尤其是法律责任，谁都知道，一旦认罪就要面临法律的惩罚，所以，在审案的过程中，法官要想知道犯罪嫌疑人的作案动机并不容易。故事中的李某在一开始也否认自己的犯罪事实，但是“魔高一尺，道高一丈”，这位法官更精明，他深知李某一定会歪曲事实，所以，他反其道而行之，采用诱导的方法，故意歪曲事实，反过来问李某，在循循诱导下，李某不得不承认自己的犯罪经过：他对出租屋的构造更清楚，在无须思考的情况下就知道菜刀放在哪里。而假如这位法官采取常规的问询方法：“为什么不说实话？”那么，李某必定极力反驳，这样对于案件的水落石出丝毫起不到作用。

事实上，我们发现，任何一个口才好的人都能在说话时做到步步为营、思维缜密、滴水不漏，更能做到唇枪舌剑、旁征博引，言语间尽显威严和自信。

当然，人的表达能力也一个需要训练的过程。在自己表达能力有限、思维不够清晰的情况下，可以多看、多听、多写，而不必急于一时地说，这样能给自己足够的时间思考，让你仔细琢磨用词和逻辑严密性。

逻辑口才

每一个逻辑表达能力不足的人，都要在日常生活和工作中着力培养自己的逻辑思维能力和语言表达能力，也就是掌握逻辑语术，以此提升说话水平。

逻辑思维的常用形式

生活中，我们常提及逻辑思维，所谓逻辑思维，又称理论思维，指的是人们在理性认识阶段，对于概念、判断和推理等思维类型反映事物本质与规律的认识过程。逻辑思维的产生是来自于人们对已经或正在认识的思维及其结构以及起作用的规律的分析。

其实也就是说，人们对事物的判断，只有经过逻辑思维的处理，才能由表象上升到本质上的认识，所以逻辑思维是人的认识的高级阶段。

逻辑思维是明确的，而不是模棱两可的；是有条理和有根据的，而不是无本之源的；是前后连贯的，而不是自相矛盾的。在逻辑思维中，要用的思维形式有概念、判断、推理等，而方法有比较、分析、综合、抽象、概括等，掌握和运用这些思维形式和方法的程度，也就是逻辑思维的能力。

提到逻辑思维，就要提到逻辑思维的形式，逻辑形式一般是指：把具体内容的各个部分组成起来的构造方式。接下来，我们不妨看一个例子：

所有商品都是劳动产品。

所有经济规律都是客观的。

这里，我们总结出了一些逻辑思维的形式。在了解这一点之后，我们有必要掌握几种逻辑思维的方法。

逻辑思维方法是一个整体，它是由一系列既相区别又相联系的方法所组成的，其中主要包括：归纳和演绎的方法；分析和综合的方法；从具体到抽象和从抽象上升到具体的方法；逻辑和历史统一的方法。

不少人认为，只有在撰写论文、辩论等这些活动中才运用到逻辑思维，其实不然，逻辑思维被广泛地运用到科学研究、辩论、演说、谈话等活动中。其中，掌握逻辑思维的方法、规律和形式等，对增强人们的语言能力有着不可替代的作用。

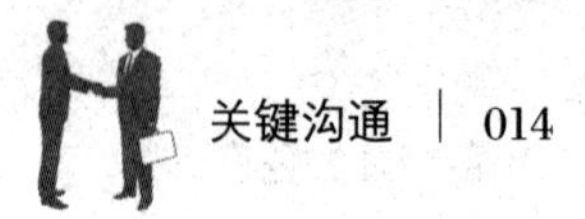

（1）归纳和演绎的方法

顾名思义，就是将多个个别的归纳总结成一般的思维方法，还有就是用个别的判断来作为依据，进而论证另外一个论点或者论题的方法。

如果给出一些事实材料，要从中找到事物的一般规律或者本质，就必须要运用到应用归纳法。

与之相反，演绎是从一般到个别的论证。比如，在研究中，运用已知的理论进行调查，或者用名人的经典话语来证明某个观点，使用的就是这样的方法。

（2）分析和综合的方法

分析和综合是相对的两种方法。分析是把事物解剖开来，然后对其各个部分的属性进行研究和表述，而综合则相反，它是将已知的某些部分综合起来进行研究和表述。

在不少毕业论文的撰写中，无论研究和表述论点还是分论点，都时常运用分析和综合的方法。

（3）从具体到抽象和从抽象上升到具体的方法

从具体到抽象，出发点是某些表象，再经过研究和分析，从而形成抽象的概念和范畴的思维方法，反过来，也就是从抽象上升到具体的思维方法。

这种方法经常应用于正式场合的语言活动中，如公共场合的演说活动。

在写论文时，人们经常要运用从具体到抽象和从抽象上升到具体的方法，即在占有资料的基础上，经过分析研究，找出

论点论据，在头脑中大体形成论文的体系，然后按照从抽象上升到具体的顺序，一部分一部分地表达自己的观点。

（4）逻辑和历史统一的方法

从抽象上升到具体的方法，就是逻辑的方法。所谓历史的方法，就是按照事物发展的历史进程来表述的方法。逻辑的发展过程是历史的发展过程在理论上的再现。

不过，我们需要提及的是，在我们日常的语言交流中，从总体上运用逻辑和历史统一的方法是不多见的，可能更多体现在一些文史类书籍中。

应当指出，上述各种逻辑方法都是唯物辩证法在思维过程中的具体表现。在进行一些语言活动的过程中最好综合地加以运用。

逻辑口才

掌握逻辑思维的形式以及逻辑方法，不但能帮助我们训练思维过程、强化我们的思维能力，更能训练我们的逻辑口才，让我们能更有水平地说话。

有些话总是让人摸不着头脑

生活中，我们常常误认为，“口才”与“能说会道”是一回事，其实不然，真正的口才并不是一味地多说，而是要说对，要有针对性地说话，这是语言逻辑中的重要要求。那些会说话的人，能够准确地表达自己心中所想，并用恰当的词汇来修饰；会说话的人，能够把道理有条理地讲出来，不会让别人感到混乱；会说话的人，说起话来轻松自然，任何人都能够很快理解他的意思；会说话的人，是通过说话来表现自己，增加别人对自己的好感。

相反，我们也发现有这样一些人，作为听者，我们总是听不清楚他们在表达什么，似乎总是自说自话，搭错线，我们想了解的他们也不会告知，所以这样的沟通是无效的。

有一次，美国参议院调查员被人弄得坐立不安、尴尬无比，可能你也遇到过这样的演说者，对方虽然是政府的高级官员，说起话来却含糊不清，喋喋不休，语言毫无重点且表达不清楚，在座的委员会的成员都没搞清楚他想说什么，最后，一位来自北卡罗莱纳州的参议员小撒姆尔·詹姆士·厄文终于找了一点说话的机会，就在短短的几句话中，他言简意赅地将观点表达清楚了。

这个人说这位演说的官员令他想起了他家乡的一个男人，这个男人告诉他的律师，他要和他的妻子离婚，不过他承认，他的妻子很漂亮，也是个好厨子和模范母亲，接下来，是这个男人和律师的对话。

“那你为何还要离婚？”律师问。

“因为她一直在说，说个不停。”男人答。

“那她都说些什么呢？”律师问。

“问题就是在这里，她一直说，但从来没说清楚过。”男人说。

其实，在生活中，也有不少人在这一方面让听者很厌烦，虽然他们一直不停地在表达观点，但就是说不清楚，也从来未能将他们想表达的意思表达清楚。

当然，在谈话中，有时，为了加强表达效果，也可以变更说话条理及顺序，这基于我们有清晰的逻辑思维能力，明白自己所要陈述的重点，并能合理地利用各事物之间的不同顺序体现出不同的侧重点。

首先，你在说话前，心中要有一个大纲，即这次说话要达到几个目的。然后在说话之中，使其一一落实。

如果你想让你的演说带给听众思路清晰、条理分明的印象，那么你最好在说话的过程中逐步提醒你要说的重点，比如，你可以说，你有几个重点，现在你讲的是哪一点，接下来你又准备讲哪一点。

“我的第一点是……”你完全可以这样坦白地说，然后再说第二点，这样一步一步地说到结束。

罗夫·J.邦茨博士曾任联合国助理秘书长，在任职的时候，他在纽约州罗契斯城市俱乐部主办的演讲会上发表过重要的演讲，从开始演说时，他就运用受人欢迎的、坦率的讲话方式。

“今天晚上我要演说的题目是《人际关系的挑战》，是因为以下两个原因，”他说，“首先……其二……”从开口到演说结束，他都在努力地让听众听明白他说的每一个部分，然后逐步带领听众得出结论：“我们不能对人类向善的天性失去信心。”

经济学家保罗·道格拉斯也曾巧妙地将这一方法运用于演讲中。在美国国会联合委员会举行的商业会议上，他以税务专家和伊利诺伊州参议员的身份讲演。

他这样开始：“我的主题是：最迅速、最有效的行动方式，是对那些几乎会用掉全部收入的中、低收入民众采取减税。”

然后用这样的方式继续他的演讲：

“具体说……”

“进一步说……”

“此外……”

“有三个主要的理由，第一……第二……第三……”

“总而言之，我们要做的，就是立即对那些中、低收入民众实行减税措施，以此来增加需求与购买力。”

不得不说，说话没有条理的人常让人产生不信任的感觉，他常因为轻率的言语将人引入信口开河、离题万里的泥潭。没有组织的说话，毫无逻辑的交谈，反映出一个人思维的混乱，这样的人，也不会有人愿意跟他打交道。

另外，想要说话有条理、有逻辑，首先要具有敏锐的观察力，能深刻地认识事物，只有这样，说出话来才能一针见血，并准确无误地道出事物的本质；其次，思维一定要严密而有逻辑，懂得怎样分析、判断和推理，如此才能把话说得有理可

循、有条不紊；最后，还要具备流畅的表达能力，知识渊博、谈资范围广，才能把话说得生动有趣。

逻辑口才

在交谈中，说话毫无逻辑、前后矛盾、语无伦次、词不达意是无法继续交流的。与之相对的，就是有条理地说话，这要求我们做到根据交谈的中心内容所涉及的话题程序安排好先后顺序，力求达到“众理虽繁，而无倒置之乖；群言虽多，而无棼丝之乱”。

逻辑口才，高效沟通的艺术

我们都知道，与人沟通的过程，就是在头脑中对所拥有的材料进行组织的过程，这一过程中，需要我们按照一定的逻辑思维顺序进行归纳和整理。所以，如果我们希望所说的话更具有说服力，就要先培养和训练自己的逻辑思维能力，只有先构建完美的讲话逻辑，才能形成条理，而不至于手忙脚乱、不知从何说起。

ABC三段论的逻辑性

提到逻辑学，我们就不得不提三段论推理，它是演绎推理中的一种简单判断推理。一段完整的三段论包含两个直言命题构成的前提，和一个直言命题构成的结论。

一个正确的三段论，必须有且只有三个词项，其中联系大小前提的词项叫中项，在前提中出现两次；出现在大前提中，又在结论中做谓项的词项叫大项；出现在小前提中，又在结论中做主项的词项叫小项。这样介绍我们可能无法理解，那么，接下来，我们来举个例子，以便更形象地了解三段论推理。

“茉莉花茶是由茉莉制作而成的，茉莉具有养生保健的功效，所以茉莉花茶能养颜。”上面的三段论推理，“茉莉”是连接大小前提的中项；“茉莉花茶”是出现在大前提中又在结论中做谓项的“大项”；“养身保健的功效”是出现在小前提中又在结论中做主项的“小项”。习惯上，用“P”表示“大项”，用“M”表示“中项”，用“S”表示“小项”。

其实，在我们的生活中，人们在沟通中经常会运用到三段论，三段论说起来简单，却很难破解，对此，我们不妨再来讲一个故事：

在一座寺庙里，有一位得道高僧。

这天，有个人找到高僧，对他说："大师，我一直很敬佩您，今天我来求教几个问题，您一定会回答的，对吧？"

大师："对。"

那人说："只要是人，最终都会死，对不对？"

大师："对。"

那人说："大师您是人，对不对？"

大师："对。"

那人说："所以，大师您也会死，对不对？"

大师："……"

这段对话中，从逻辑的角度进行分析，我们发现，"所有的人都是要死"是大前提，"大师是人"是小前提，所以"大师也会死"是"结论"。对于这个结论，按照三段论的逻辑格式，我们是很难破解的，当我们运用三段论说话时，并不需要完全将大前提。小前提和结论说出来，反而可以视情况省略某一部分，这就是简易三段论。简易三段论因为"简"而使辩论简洁明了，所以"易"常常被广泛运用。下面，我们就通过三个例子，来说明这简易三段论是怎样运用的。

（1）省略结论

在有些三段论推理中，我们在大前提和小前提中，很明显能看出结论，实际上也无须再说，此时，结论就可以省略了。

清末甲午中日战争之后，日本首相伊藤博文来到中国，当时。辜鸿铭（张之洞的幕僚）送给伊藤博文一本自己刚出版的

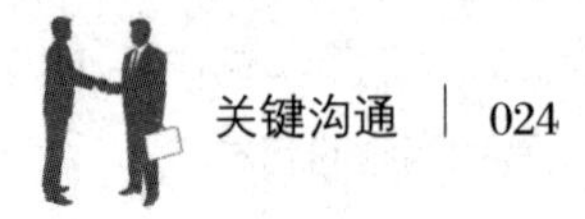

英译本《论语》。

伊藤博文对此调侃道："我早有耳闻，听说你精通西洋学术，难道你不知道中国的孔子之教能行于两千年，却不能行于20世纪的今天吗？"

辜鸿铭倒十分机智，马上说："孔子教人的方法如同数学家曾经教我们的加减乘除，几千年前，我们都知道三三得九，即便现在已经是20世纪，也是三三得九，并不会三三得八。"伊藤博文听了，一时无言以对。

此处，辜鸿铭也使用了三段论推理，大前提是"社会科学的方法和自然科学方法一样"，小前提是"自然科学的加减乘除不会变"，如此自然也就得出了"孔子教人的方法也一样适用"的结论，但此处，他并没有直说，而是让伊藤博文自己领会，既照顾了他的面子，又达到了自己的目的，可谓一举两得。

（2）省略大前提

当然，这些大前提是不必多说而被人们公认和不言自明的。此时，我们就可以把这样的大前提省略不说。

曾经，有一位公众人物在演讲结束后，居然被一名爱慕她的男子当众求婚："亲爱的，嫁给我吧！"

面对仰慕她的这名男子，已为人妻的这位女士婉转而又不失幽默地说："这是我听到的最友善的示意，但是如果那样，我会因重婚罪而被捕。"

这里，这位女士其实是省略了整句话的大前提——"我已

经结婚了”，而小前提是“如果我答应了你的求婚”，结论是“我会因重婚罪而被捕”，是一个简单的三段论推理。这里，在结论中就能看出大前提——她已经结婚，所以，她的拒绝就显得韵味无穷了。

（3）省略小前提

在某些三段论推理中，因为大前提包含着小前提，或者暗示了小前提，小前提是显而易见的，在这种情况下，辩论时就可以省略小前提。省略小前提可使辩论言简意赅，要言不烦。

一天，一个小男孩去拜访在老家的爷爷，爷爷有一个心爱的老式烟灰缸。

爷爷一直在厨房忙活，小男孩在客厅玩耍，他一不小心将烟灰缸打碎了，正当他懊恼时，爷爷来了，于是，他赶紧把打破的烟灰缸藏在背后。

当爷爷过来时，他突然问了一个深奥的问题：“爷爷，你说人为什么一定要死呢？”

爷爷很诚恳地对他说：“此乃自然之事，世间一切，有生必有死。”

此时，小男孩怯懦地拿出打破了的烟灰缸，递给爷爷，然后他也十分诚恳地说：“爷爷，您的烟灰缸死期到了！请您节哀。”听完孩子的话，爷爷才知道自己中了小孙子设下的计谋，但是心里也为孩子的机智而感到高兴。

这其实也是一段三段论推理，只不过这段对话省略了其中的小前提。小男孩是聪明的，为了让自己免于爷爷的责怪，先让爷爷自己得出结论——“世间一切，有生必有死”。为大前提，当然，烟灰缸也被包含在世间一切之内，接下来，毫无疑问能得出结论“烟灰缸也有生有死”，所以不必强调了。此处，小男孩可谓机智过人，言谈幽默、含蓄，让人回味无穷。

逻辑口才

在现实的沟通中，我们在运用三段论说话时，也要注意，某些被省略的部分必须是不言自明的。另外，对于那些本来可以省略的部分，如果多说，就会显得重复、啰唆、累赘。

潜伏逻辑学教你说话术

生活中，可能不少人认为逻辑思维是抽象的，是在理论课程上才会被应用到的，但其实不然，逻辑能提高我们分析事物的思维水平以及准确表达我们的思想，学习逻辑是提升口才的重要部分，能帮助我们在思考的同时，潜移默化地学会如何缜密地说话，从而让我们的生活更加精彩。

生活中，我们与人沟通时，对方不一定会坦诚，我们也就无法了解到想要的答案，此时，直言劝说并不一定会起到作用，而如果我们能从逻辑思维的角度说话，丝丝入扣，便能从

看似没逻辑的表象中套取到答案。我们先来看下面一则故事：

李警官是某公安局的便衣警察，一次，他遇到了一起连环盗窃案，虽然他们抓到了犯罪嫌疑人吴某，但是吴某把盗窃来的赃款全部藏起来了，警察怎么查找都一无所获。无奈之际，李警官决定亲自审问吴某。

嫌疑人吴某很快被带到了审讯室，他问吴某：“你平时的经济来源是什么？”

吴某回答说：“做点小生意。”

李警官接着问：“做生意应该收入不错吧，那平时你的大多数钱都怎么保管呢？”

吴某说：“呵呵，我爱人对我经济管得严，平时家里大的收入都是她在管。”

李警官接着问道：“我看你平时也抽烟喝酒，做生意也该有应酬，那你的零花钱从哪里来呢？”

“我藏在抽水马桶里了。”他回答这句话的时候，语气和眼神都显得很得意，但很快，他就变脸了，因为他意识到自己说错话了，但为时已晚，很快，李警官就带领队伍去了他家，找到了藏在他家马桶里的赃款，并对其妻子的账户进行了锁定。

这里，李警官在犯罪嫌疑人不肯招赃款藏在何处的情况下，采取了逻辑推理和引导的方法，让犯罪嫌疑人吴某在不知不觉中对案情供认不讳，手段高明，令人佩服。可见，善用逻辑推理能帮助我们在看似没逻辑的情况下套取到我们想要的答

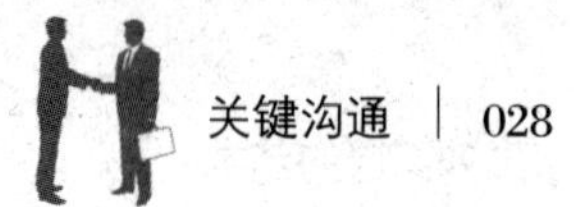

案，助我们达到自己的沟通目的。我们再来看看下面的案例：

在美国旧金山，有一位青年马克斯被人告上法庭，理由是该青年邻里关系不好，但在法庭上，马克斯就是不肯承认自己的过错。

开庭后，马克斯和他的邻居也都上了法庭，检控官义正词严地说："要知道，你这种干扰邻居的行为是不道德的，是一定要受到惩罚的。我想每个人都知道，我们生活的现代社会，邻里关系是社会集体中很重要的一项关系。然而，在这两年内，你居然被邻居投诉了三次，都是因为你恶意破坏，而就在上个星期三，茉莉婆婆还被你恶意警告她不要报警，是可忍孰不可忍，你这种行为是绝对要被制裁的。"

无奈，马克斯只好承认了自己的罪行。

此处，在案件事实情况心知肚明的情况下，检查官巧妙运用了事实引证的方法，让自己说出的话句句充满逻辑，无懈可击，此时，青年马克斯只能认罪服法。

从以上两个案例中，我们看到了逻辑推理在我们语言沟通中的重要作用，事实上，除了案件审理外，逻辑推理法被广泛运用到谈判、辩论、演讲中，尤其是在套取答案上，一味地劝说未必能达到目的，而运用逻辑推理法得出结论，势必会让对方心服口服。

为此，我们若希望提高自己的口才水平，首先要学习的就是逻辑推理，事实上，在日常生活中，我们每天都在接触逻辑推理，生活中的思维和逻辑是在不动声色中自然而然进行的，

而在人类生活的这个大花园中，孕育着具有智慧的逻辑之花，它根植在人类思维之中，每当人们进行思考或表达思想时，都会自觉或不自觉地运用逻辑力量去发挥自己的聪明才智。正如著名科学家莱布尼茨所说的：“智力曾经发现的一切东西都是通过逻辑规则这些老朋友被发现的。”谁能善于让逻辑之花开得更灿烂，谁就能更好地摘取智慧之果。

逻辑口才

善用逻辑推理法能让我们在看似毫无逻辑的情况下找到我们想要的答案，可见，动动脑子、学会思考，就能改变我们的思维模式，就能潜移默化地改变自身，提升口才水平。

训练观察力，强化逻辑思维

我们已经了解到人的说话水平如何，直接取决于其思维能力如何，缺乏逻辑思维，即便是说话时滔滔不绝，也无法让听者心服口服，而在思维能力的培养中，良好的观察力是一个人智力发展的重要条件。然而，每个人的观察力不是自然而然形成的，它需要经过长期的观察实践和观察训练，而真正观察力的获得需要运用逻辑思维的力量，不动脑的观察也是无效用的。

有个调皮的学生，在粉笔盒里放了一条冬眠的蛇，希望给新接班的女教师一个下马威。但那位教师巧妙地运用了这种方法，将消极因素转化成了积极因素。她待同学们安静下来后，带着余悸平缓地说：“据说每位新老师，都会收到一份大家赠送的特殊礼物，王老师的灰老鼠、郑老师的大王蜂……而我呢，你们送了一条水蛇。”她微微笑了笑，指着那条蛇说：“我是第一次这么近看到蛇，刚才还摸到它，着实吓了一跳。不过我觉得捕捉这条蛇的同学挺勇敢，至少有一定的捕蛇经验……我相信，凭他们的能力，不仅能做到勇敢，还应该做出点其他什么，老师相信你们。”

那几个调皮的学生原本等着看“戏”挨批评，却没料到老师还表扬了自己，那可是非常难得的，可不知为什么他们就是高兴不起来，只是呆呆地听老师讲有关蛇的知识……第二天早晨，这位教师又踩着铃声走进教室，一股清香扑鼻而来，她惊喜地看到讲台上的粉笔盒里插着一束野菊花，教室里鸦雀无声……从此，这个班变了。

女教师从学生的调皮行径中，看到的不是孩子的“无可救药”，而是他们的能力，于是，她的一席话，寓庄于谐，似乎是一本正经地说笑话，却设置了一种心理相容的教育情境，对捣蛋学生进行了耐人寻味的教育，其教育效果是直面斥责和经济惩罚等教育形式难以企及的。

从这里，我们能看出，我们在开口前，紧盯着事物的不足不一定收到效果，而一反常态，从多角度观察，找到事物的另

外一面，则会收到完全不一样的效果。

其实，科学探索是从观察开始的。英国物理学家法拉第曾说过："没有观察就没有科学，科学发现诞生于仔细的观察之中。"生活中，人们都会观察到"母鸡孵出小鸡"这一现象，可是，如果没有人去思考，像"发明大王"爱迪生那样去孵小鸡，我们今天会用到电热孵化器吗？如果瓦特没有积极思考水壶盖为什么被顶起，又怎么能发明蒸汽机呢？

在英国剑桥大学的卡文迪许实验室，一直坚持这样的规定：每天下午六点整，会有资历深的老研究人员，对在场的所有研究者宣布实验时间已到。如果谁听不进去继续做实验，那么，这位老实验人员就会搬出卢瑟福的话。因为卢瑟福说过："谁未能完成六点前必须完成的工作，也就没有必要拖延下去，倒是希望各位马上回家，好好想想今天做的工作，好好思考明天要做的工作。"卢瑟福的话意味着：在实验前、实验中、实验后都要进行认真思考，从此卡文迪许实验室的人记住了卢瑟福的忠告："别忘了思考！"

在中国的唐代，诗人白居易也曾作出这样的诗句："人间四月芳菲尽，山寺桃花始盛开。"后人在读这两句诗时，都产生了这样的疑问，为何同在四月里，一个"芳菲尽"，一个"始盛开"呢？宋代大科学家宋括开始对此也大惑不解，直到有一次他登山游历，时值四月，发现山下桃花已谢，而西山上的桃花正在盛开，方才恍然大悟：原来山上山下气候不同，才有此奇观。由此十分叹服白居易的观察力。

可见，人们在不经意的观察中，要善于思考，发现问题、提出问题。正如爱因斯坦所说："学习知识要善于思考，思考，再思考，我就是靠这个方法成为科学家的。"

为了将思维带入观察中，你需要做到：

①要有目标地观察。

②仔细、认真、有序。

③多角度观察。如观察建筑工地上的吊车时，一方面观察它的外部构造，另一方面要观察它如何吊东西；观察苹果时，要从外形、色泽、味道等方面观察。

④记观察日记，这样可以掌握事物的发展变化过程。

⑤对类似的事物进行对照、比较，如将苹果和梨放在一起，比较它们的外形、表皮、果肉以及味道。

⑥在观察中提出问题，这样可以引导观察的进一步深入，揭示事物的本质。

⑦运用多种感官去感知事物的不同特征，这样可以使观察更全面。

总之，在观察中你要做到善辨多思。拥有良好的观察品质的人能发现细小的但是很有价值的事实，能透过个别现象发现事物的本质以及事物间内在的、本质的、必然的联系，这就要求我们在观察中要开动脑筋，积极思维。

逻辑口才

观察力说到底就是对一件事物的留心程度，对你身边的每一个人或者每一件事都要细心去看、去思考，无论它是多么地常见与平凡，重在引发观察后的思考。

没有完全正确的逻辑道理

生活中，我们看悬疑小说或者侦探电影时，经常会有这样一个体会：当我们自认为自己已经确定一件事情的真相后，却往往发现，原来事情的原委并不是这样，只是因为我们遵循了某种固定的逻辑而已。其实，绝对正确的逻辑道理是不存在的，遇到任何事情，都不要急着下结论，要学会用辩证的、发展的眼光看问题，而具体运用到语言沟通中时，我们也绝对不可把话说满。

我们不妨先来看看下面的小故事：

孔子到东方游历，途中看见两个小孩在争论，就问他们在辩论什么。

一个小孩说："我认为太阳刚出来时距离人近，而正午时距离人远。"另一个小孩却认为太阳刚出来时离人远，而正午时离人近。

前一个小孩说："太阳刚出来时大得像车上的篷盖，等到正午时就像盘子碗口那样小，这不正是远的显得小而近的显得大吗？”

另一个小孩说：“太阳刚出来时清清凉凉，等到正午时就热得像把手伸进热水里一样，这不正是近的就觉得热，远的就觉得凉吗？”

孔子听了，不能判断谁是谁非。两个小孩嘲笑说：“谁说你多智慧呢？”

孔子在面对两小孩辩论的问题时都不能得出结论；而两小孩在此问题上也是仅凭自己的一些主观感受而得出结论，显而易见，此结论也并非正确。

我们发现，生活中的不少人，在遇到某件事时，总认为自己的思路是对的，认为自己看到的就是真实的，所以在表达时就表现出强烈的主观意识，直到他人一语道破之后才懊恼不已。可能你会问，该如何才能避免这一情况的发生呢？其实很简单，我们在开口前先多思考，而在日常生活中也要学会从多方面、多角度思考，还要学会用发展的眼光看问题。

哲学家尼采说：“我们不能被人们的心理波动所驱使，错误地判断事物是否重要。”对于这句话，我们看出：对于任何事物，我们都要有自己的思考，要养成凡事不要看表象的习惯，有问题时就要有寻根究源的愿望，然后巧用逻辑思维找到答案，这一点，四百多年前的伽利略已经给我们树立了榜样。

彼时，研究科学的人都信奉亚里士多德，把这位两千多年前的希腊哲学家的话当作不容更改的真理。谁要是怀疑亚里士多德，人们就会责备他：“你是什么意思？难道要违背人类的真理吗？”

亚里士多德曾经说过：“两个铁球，一个10磅重，一个1磅重，同时从高处落下来，10磅重的一定先着地，速度是1磅重的10倍。”而这句话使伽利略产生了疑问。他想：如果这句话是正确的，那么把这两个铁球拴在一起，落得慢的就会拖住落得快的，落下的速度应当比10磅重的铁球慢；但是，如果把拴在一起的两个铁球看作一个整体，就有11磅重，落下的速度应当比10磅重的铁球快。这样，从一个事实中却可以得出两个相反的结论，这怎么解释呢？

伽利略带着这个疑问反复做了许多次试验，结果都证明亚里士多德的这句话的确说错了。两个不同重量的铁球同时从高处落下来，总是同时着地，铁球往下落的速度跟铁球的轻重没有关系。伽利略那时才25岁，已经当了数学教授。他向学生们宣布了试验的结果，同时宣布要在比萨城的斜塔上做一次公开的试验。

消息很快传开了。大家根本不信伽利略的实验会成功，认为这是对亚里士多德的亵渎。伽利略在斜塔顶上出现了，他右手拿着一个10磅重的铁球，左手拿着一个1磅重的铁球。两个铁球同时脱手，从空中落下来。一会儿，斜塔周围的人都忍不住惊讶地呼喊起来，因为大家看见两个铁球同时着地了，正跟伽利略说的一个样。这时大家才明白，原来像亚里士多德这样的大哲学家，说的话也不全都是对的。

伽利略的这个试验再次证明了一点：绝对正确的逻辑道理是不存在的。两个铁球、大小不一，重量肯定不同，按照常规思维，在同时被抛下时，应该是大的铁球先着地，但真实情况呢？两个铁球同时着地了。由此可见，要破除固有思路，还有个重要的方法就是实践法，因为实践是检验一切的标准。

逻辑口才

很多人之所以在说话时太过绝对、主观意识太强，往往是因为他们遵循了某种固定的逻辑道理，殊不知，绝对正确的逻辑道理是不存在的。要避免这一点，我们在说话时一定要凡事多思考、多观察，用实践说话！

使用逻辑语言可以掩盖真实意图

我们都知道，在现代社会，说话是一种生存和交流的艺术。有些人在说话的时候，尽管洋洋万言，滔滔不绝，却漏洞百出，从而让人失去兴趣。而会说话的人，往往能够在三言两语之间就给别人的心灵以震撼，给灵魂以启迪，让对方在心悦诚服之际接受自己的意见和建议。我们要想在社交场合立于不败之地，就要练就滴水不漏的说话本领，而我们要想让说出的话无懈可击，就要懂得运用逻辑推理法，逐步将对方带入到我们设置的语言陷阱中，从而达到我们的说话目的。

一个周六的早上，老年保健仪器推销员小林敲开了某客户吴先生的门。开门的正是吴先生。

进门以后，小林扫视了一下客厅，整个客厅有种古色古香的感觉。不一会儿，他抬头就看见满客厅的字画。很快，他就找到了与吴先生交谈的话题。

“哎哟，这字写得，我真不知道怎么形容才好，吴先生，这是您从哪里弄来的墨宝呢？是市里哪位书法家的真迹啊？”

吴先生一听，顿时笑了起来，说：“你真是见笑了，这是我父亲写的，他比较爱好这些，平时没事就舞文弄墨……”

“看来我今天还真是来对了，令尊现在在家吗？”

“这几天他去省城的姐姐家了，估计过几天才会回来。”

“真是可惜了，我还想要是令尊在家的话，我想向他老人家讨要点他的字画呢！”

“哦，原来是这样啊，这个你可以放心，我可以做主，送你几幅。”

“那太谢谢您了……”

就这样，吴先生与小林就中国字画的问题聊了起来。聊到尽兴之时，小林突然装作乍醒的样子说：“吴先生，您看，我和您一聊到这里，就忘了我今天来原本是想要……不过，您不购买也没关系，我今天可是收获颇丰啊。”

“你说的是老年保健仪器？老爷子身体现在越来越不好了，我也没时间陪他锻炼身体，要不，你回头送一台过来吧。”

“好的，谢谢吴先生啊。”

案例中的客户吴先生为什么会如此爽快？很简单，这得益于销售员小林在提出销售话题前进行了一番语言的铺垫。在小林进门之后，他就对客户家的一些特点进行了一些观察，难道他真的不知道这些字画出自客户父亲？当然知道！他这样问，只不过是让自己的赞美显得更真实可信。于是，针对客户家的这些与众不同的“风景”，小林与客户展开了一番深入的交谈，他很快便获得了客户的好感。此时，小林再提出自己拜访的真正目的，客户的抵触情绪自然少得多。而在这种情况下的小林依然不忘提及自己“今天拜访收获颇丰”，这就更加加深了客户对他的良好印象。这时，客户再从自己的角度考虑，就很爽快地表明自己有购买需求。

可见，在沟通中，如果我们懂得从逻辑推理的角度运用引导的技巧，从理论上和实践中看，只要运用得恰当巧妙，就能取得理想的效果。

某酒店，来了一位尊贵的客人。酒店服务员想为客人推荐特色菜。于是，她这样问这位客人：“您要不来点我们这儿的清蒸鲍鱼？”但似乎她的问话效果并不明显。于是，酒店经理亲自上去为这位客人点菜，准备推荐酒店的海鲜。她这样问客人：“您今天是要一份海鲜还是两份？”客人的回答是两份。就这样，服务员们也掌握了经理的问话方式，于是，酒店的海鲜成了最畅销的菜。

面对酒店经理的这种问话方式，大多数顾客都会择一而答。可见，“误导策略”也是一种很有效的促销手段。同样，

误导式的问话方式在人际交往中也可以为我们所用。比如，有位朋友在你家作客，你不知道他是否要留下来吃饭，想明白地问一声又怕为难朋友，此时不妨问："今天想吃什么？是中菜还是西餐？"

因此，如果你想要达到自己的目的，不要直奔主题，不妨从逻辑的角度，先让对方跟着你的思维走，这样往往能获得你想要的答案。当然，这不仅需要有一个好的口才，还需要有一个好的态度，耐心地引导，启发对方思考，让其自主接受你的观点！

逻辑口才

说话的目的是表达自己的意见，完成交流的任务。要想与别人做到畅通无阻地交流，需要的不是唾沫乱飞、毫无重点地乱说一气，而是需要我们学会富有逻辑地引导，只有层层递进，让别人接受我们的意见和建议，我们才能达到目的。

如何训练和培养逻辑思维

前面，我们已经对逻辑思维的定义有了大概的了解，我们知道，逻辑思维能力是一个人智力活动能力的核心，也是智力结构的核心，是我们最重要的智力因素之一。

我们都知道，人的逻辑思维发展的总趋势是：从具体形象思维到抽象思维，即由动作思维发展到形象思维，再依次发展到抽象逻辑思维。思维一变天地宽，很多时候，我们在说话时，只要运用思维的力量，就能产生完全不同的语言效果。

我们再来看一个运用逻辑思维发挥口才的经典小故事：

从前，有个理发师收了一个徒弟。徒弟学艺 3 个月后出师了，师傅让他正式上岗。他给第一位顾客理完发，顾客照照镜子说："头发留得太长。"徒弟不语。师傅在一旁笑着解释："头发长使您显得含蓄，这叫藏而不露，很符合您的身份。"顾客听罢，高兴而去。

徒弟给第二位顾客理完发，顾客照照镜子说："头发留得太短。"徒弟不语。师傅笑着解释："头发短使您显得精神、朴实、厚道，让人感到亲切。"顾客听了，欣喜而去。

徒弟给第三位顾客理完发，顾客边交钱边嘟囔："剪个头花这么长的时间。"徒弟无语。师傅马上笑着解释："为'首脑'多花点时间很有必要。您没听说：进门苍头秀士，出门白面书生！"顾客听罢，大笑而去。

徒弟给第四位顾客理完发，顾客边付款边埋怨："用的时间太短了，20分钟就完事了。"徒弟心中慌张，不知所措。师傅马上笑着抢答："如今，时间就是金钱，'顶上功夫'速战速决，为您赢得了时间，您何乐而不为？"顾客听了，欢笑告辞。

故事中的这个师傅能说会道，就是因为巧妙地运用了逻辑思维中的逆向思维，在几种截然不同的情况下，都能帮助徒弟转危为机，从而使徒弟摆脱了尴尬，让顾客满意离去。

任何人在日常的生活和学习中，都要着力培养自己的这种

思维能力，遇到问题时就要有寻根究源的愿望，然后巧用逻辑思维找到答案。

但是，一说到培养这方面的能力，我们会发现很多都是理论性的文章，它们未免过于理论化，使许多人陷入了理论形态的逻辑，似乎蒙上了一层神秘的面纱，看而不懂，思而不解，学而无趣。结果，学了一通，根本就不了解自己的能力是否得到了增强。

所以，逻辑思维能力的增强，从理论上去认识固然重要，但要想真正运用于实际，还是要靠平时在生活和学习中一点一滴地积累。

第一，要培养精读、速读文章的能力，能将所阅读文章很快归纳出要点和难点。也就是说，通过迅速提取和认定有效信息，进行归纳、推理、判断，从而加深对所看文章和科目的理解。通过这种训练，不仅能增强学习的能力，同时，对平时我们看问题和解决问题，增强归纳推理能力，很快找出问题的重点、难点都非常有益，经过 个时期的有意训练，你会发现判断事情正误的能力大大增强了，实际上，这是你的逻辑思维能力增强了。

第二，由于我们日常生活和学习中所发生的事情都有连续性的特点，这就需要加强自己的因果联想能力。从心理学的观点来看，某些联系永远是记忆活动的基础，生活中许多概括的认识都是经过这一过程一点点积累、归纳、推理而得出的。也就是说，每当我们需要了解和解决某件事时，都去认真分析其因果关系，一次又一次，你会发现，解决问题的能力有了明显的增强。

第三，对周围事物的关心和思考也可以锻炼思维。例如，下雨了，那么这时你有很多事物可以发现，也许你会说，有什么可以想的，下雨的原理早就知道了，但假如你从物理和化学的角度来想，你会发现很多问题，特别是从能量的角度来思考。

第四，多看看侦探题材的书籍、电影、动漫等。

侦探题材的书籍、电影中，主人公的逻辑推理能力很强。这方面的书籍有《福尔摩斯探案全集》《卫斯理》等。

影片有《大侦探福尔摩斯》《洛城机密》《七宗罪》《完美逃亡》《致命ID》《非常嫌疑犯》《战栗空间》《玩命记忆》《黑暗侵袭》等。

动漫的有《名侦探柯南》，这是入门级别的动漫，除了这部外，还有 《木偶师左近》《推理之绊》《魔侦探洛基》《魔人侦探食脑奈罗 》《美型侦探》《水晶之焰》《奇幻贵公子》《G型侦探》《叔比狗》《神探加杰特》等。

当你具备了以上基本能力后，你能说逻辑思维能力没有增强吗？然后，你再去攻读有关理论性的文章。这样一来，你就能更加胸有成竹地去判断和解决日常工作和生活中的难题了。

逻辑口才

培养逻辑思维能力不仅要多看书、多留心观察周围事物，还有最重要的一点就是要从小处发现细微，多思考，勤动脑，古人说抽丝剥茧、顺藤摸瓜就是这个道理。当你对所有事物一清二楚的时候你的逻辑能力也就增强了。

逻辑习惯，思维碰撞的火花

我们都知道，自古以来，许多人都有其独特的一套做人做事方式，语言表达上也是如此，这是中国人的“逻辑”习惯造成的。当然，这些逻辑语言习惯有对有错，如观念上的先入为主是应该被我们摒弃的，否则就会对人对事认识不全面。而委婉含蓄的说话习惯是应该被我们提倡的，因为委婉含蓄既能表达出自己的意志，又能照顾听者的心情，做到点到为止，达到曲径通幽的艺术效果。另外，看似错误的偷换概念的逻辑语言法，在某些语言环境中，却能制造出出人意料的幽默效果。总的来说，我们要取其精华、去其糟粕，在沟通中要懂得运用逻辑推理，正确地引导听者了解自己的意图，以达到沟通的目的。

迂回曲折的说话艺术

自古以来，中国人在说话做事上都强调低调含蓄，在与人沟通中也是如此，也就是我们平常所说的拐弯抹角，带有不少的辩证意味，这是中国人的语言逻辑习惯。的确，委婉表达，既不伤害朋友间的情谊，又能充分表达自己的想法，展现出做人和说话的魅力。

从前有个人，他很富有，但极其吝啬。

一天午饭时间，他的家里突然来了一位客人，因为当时他正在吃山珍海味，又不想给客人吃，所以他把饭菜端到了自己房间。

这位客人倒也机智，实在看不过去此人如此吝啬，便隐晦又大声地说："哎，真是可惜了，这么富丽堂皇的厅堂，许多梁柱却被蛀虫蛀坏了！"

富翁听到客人这么说，赶紧从里屋跑出来："蛀虫在哪儿呢？我怎么看不见？"

客人接着说："它在里面吃，你在外面怎么看得到？"

故事中的这位客人着实机智，他的暗示语也是说得恰到好处，言在此而意在彼，表面上说蛀虫，实际上是在暗指主人吝啬，主人自然心中知晓，但也不好发作，这就是中国人喜欢运

用的拐弯抹角的说话方式：所强调的并不是表面上说的意思，而是另有所指。

然而，在生活中，我们经常会对“表里如一”这个成语产生发生误解，认为正直坦率的人在说话上也同样是直接和坦率的，在交际场合中，经常会有人用这种误解来要求和标榜自己，和别人谈话的时候从来不讲究技巧和策略，而是信口开河、直言无忌，从来不考虑别人的感受和处境，如此，别人就会对你产生极大的厌恶情绪，你在交际场合也就成了孤家寡人。

做人要正直、坦荡，这是毋庸置疑的，但是这种良好的道德品质只能体现在为人处世当中，并不意味着说话的方式就应该过于生硬和直率。毕竟，不恰当的直言相告是对别人的否定，不仅会给别人增加压力，还会让他产生厌恶的情绪。因此，在日常生活中，我们应该尽量避免过于直接的说话方式，用委婉的方式进行巧妙地表达，做到既能告诉对方自己的意见，又避免伤害双方的感情。

有一家大型的外资公司，员工们对待遇都感到十分不满意。公司领导得知了这一情况，却无动于衷，不愿意去改善员工们的待遇。在这位领导的眼里，这些工作人员都是智力平平之辈，能力上更是乏善可言，对公司也没有认同感，在工作上缺少应有的激情，没有必要为他们浪费太多的金钱。当别人对他提出意见的时候，他就说：“我能收容你们就不错了，就你们这样的工作能力和做事态度，哪一个公司也是不会要的。”

工人们的工作热情从此更加低落了，经常出现迟到的现象。为了调动大家的工作激情，秘书准备向老板提议改善员工的待遇。他这样对老板说：“现在公司的大部分员工简直是没有办法在公司上班了。”

老板问：“为什么呀？”

秘书说：“坐出租车吧，价钱太贵坐不起；坐公交车吧，又经常挤不上车；而且每月的交通费也是一笔不小的开支，他们根本没有能力解决这一问题。”

秘书说完就叹了口气，一脸无可奈何地看着老板。老板却说：“那就让他们安步当车吧，一文不费，而且可以借此运动身体，不是一个很好的办法么？”

秘书摇了摇头说：“不行啊，把鞋袜磨破了，他们买不起新的。不如这样吧，请您发出一个告示，提倡光脚走路，号召大家赤脚走路上班，这个问题不就解决了么？要怪就怪他们生不逢时，生活在这个年代。谁让他们不去想发财的门路，却当苦命的职员？他们坐不起出租车，也不能鞋袜整齐地到公司上班，都是咎由自取！”

这位秘书边说边笑，老板听了心里总感觉不是滋味，最后终于答应改善下属的待遇。

这位秘书并没有直冲冲地去劝说领导改善下属待遇，而是用开玩笑的方式含蓄地进行劝说。在劝说的过程中，他没有说老板的一句不是，而是用嘲笑下属的形式来显示出他们的苦衷。这种语气虽然是开玩笑的，但实质上是在劝说老板不要

太苛刻和吝啬，应该照顾一下员工们的生活。这样的方式比较委婉，既没有伤害到老板的面子，又让老板觉察到了自己的过失，从而主动地去改善员工们的待遇。

那么，在表达自己的意见的时候该如何做到委婉含蓄呢？我们可以从以下几个方面去学习一下：

（1）间接提示

通过相联系的事件或者道理，间接地表达信息。让对方在推理中去感知，从而更好地去接受你的意见。

（2）留有余地

话不要说得过于绝对，以免使对方产生抵触心理，同时也让自己失去回旋的余地。

（3）比喻暗示

将一些道理放在与之相类似的、具体的事例之中，从而让对方更好地去领会你所要传达出的信息和要表达的内容。

（4）旁敲侧击

不直接切入主题，用打擦边球的形式讲一些看似不相干的话，让对方在似有似无的语境中明白你的真实意图。

（5）先肯定，再否定

出现意见分歧的时候，不能粗暴地去全盘否定对方的观点，而庆先找出对方合理的内容进行肯定和赞扬，然后用转折句引出下文，提出更合理的意见和建议，以便于让对方愉快地接受。

（6）不用祈使句，多用设问句

祈使句往往会显得比较武断和蛮横，让别人觉得你是高高在上地发布命令。而设问句则是把双方放在了对等的位置，用商量的口吻去探讨问题。因此，后者更容易让人接受。

逻辑口才

含蓄的表达方式是我们生活中不可缺少的逻辑语言技巧，我们掌握这一逻辑口才技巧，会使生活更加有趣，会使自己更有内涵，会使家庭更加美满，会使友情更加亲密，就像有些植物不喜欢太阳光直射，就要用遮光的东西挡一挡，对于不适合直言的场合，转个弯，结果会更妙！

先入之见影响人的思维

我们都知道，自古以来，中国人就强调说话做事要“中庸”，这里所谓的“中”是指我们认识事物看待问题要不偏不倚。然而，在中国人惯有的逻辑思维中，常常有先入为主的逻辑错误。

所谓先入为主，指先听进去的话或先获得的印象往往在头脑中占有主导地位，以后再遇到不同的意见时，就不容易接受。生活之中，我们免不了要一次次地和陌生人打交道。对方给我们的第一印象固然重要，但是要全面认识对方，就不能先入为主，应该全面地看人，不能顾头不顾尾，不能用最初的印象来左右我们对于他人的。

孙权是一位珍惜人才、善识人才的明君，却也曾“相马失于瘦，遂遗千里足”。周瑜死后，鲁肃向孙权力荐庞统。孙权听后先是“大喜”，见面后却变成“心中不喜”，因为他看见庞统生得“浓眉掀鼻，黑面短髯，形容古怪”，再加上庞统并不怎么崇祟孙权一向器重的周瑜，孙权便错误地认为“狂士也，用之何益”！鲁肃进一步提醒孙权，庞统在赤壁大战时曾献连环计，立下奇功，以期说服孙权。孙权却先入为主，顽固表示“誓不用之”，结果把庞统从江南逼走。有匡世之才的庞统，只因相貌长得不怎么漂亮，竟然几处遭到冷落，报国无门，不得重用。

从上述故事中，我们可以看出孙权之所以不用庞统，是因为庞统“浓眉掀鼻，黑面短髯，形容古怪”。可怜庞统空有经天纬地之才，却因为相貌丑陋而得不到重用。

中国有句古话叫作“乐莫乐兮新相知”，每一个朋友都是在陌生中逐渐熟悉的，忠贞不渝、肝胆相照的朋友也多数是由陌生人转变而来的。由陌生到熟悉是需要一个过程的，而我们绝对不可先入为主。那么，我们该如何避免因先入为主而作出错误的评断呢？

（1）注意“第一印象”

根据首因效应，我们得知，人们往往对某个人的第一印象都有先入为主的特点。在初次交往中，我们也会凭第一印象来判断对方的人品、性格、能力等。当然，如果第一印象好，就会给以后的交往打下良好的基础。从这个层面上说，注意给人留下良好的第一印象是必要的。但初次接触，你所获得的关于某个人或者某件事的判断材料往往是有限的，也是外在的，因此存在一定的虚假性。

因此，冷静、客观地对待第一印象，并在思想上有否定第一印象的意识是非常重要的。

（2）不要强加主观印象

事实上，有些人认为自己“阅人无数”，于是，他们很相信自己的主观感觉，比如，他可能总是看到人们好的一面，这是因为他本身就是一副菩萨心肠。而如果他总是从恶意的角度来评判一人，那么也许是因为他本人猜疑心重。因此，要想公正公平地评价一个人、避免各种偏见，我们必须尽量克服这种主观印象。

（3）综合观察，不以貌取人

我们都知道，任何一个人的相貌都是与生俱来的，谁也无法改变，但一个人的学识、气质、能力则是后天所得，因此，要观察一个人，就要耳听六路、眼观八方，不仅考察其服装是否得体，更要通过其行为、谈吐来判断。

苏联心理学家鲍达列夫曾向72个人调查，他们是怎样理解人的外貌的。其中2人认为肥厚的嘴唇是憨厚朴实的标志，3人认为粗硬的头发表示倔强的性格，9人认为方方的下巴是意志坚强的标志，宽大的前额是智慧的标志，14人认为人胖表示心地善良等。

这个调查结果是有趣的，也具有一定的普遍意义。我们都知

道，人们的这些形象特征是天生的，有许多项更是固定不变的，而人们却能从中看到一个人的性格特征——这一点正是这一调查结果的有趣之处。当然，这样的推断含有很大的偏见成分。

（4）延长观察期，不可凭一时感觉

俗话说，路遥知马力，日久见人心。其实，与人交往也是同样的道理，在初次见面的过程中，对方可能因为一些客观因素无法展现其才能、学识等，这就需要我们延长观察期，给其一个机会。

为此，我们在识人的时候，需要不满足于表象，注重了解对方心理、行为等深层结构，从而有效地摆脱先入为主的影响。

逻辑口才

人们固有的先入为主的逻辑思维习惯，提醒我们每个人，在真正了解一个人前，切不可太轻信事先得到的信息，更不可凭一时的感觉。只有全面地了解和认识对方，才能作出最中肯的评价和判断。

一吐为快的逻辑习惯

我们都知道，中华文化，尤其是语言文化博大精深，自古以来，人们唇枪舌剑、舌战群儒的故事早已屡见不鲜。但我们同时也发现，天生有着语言优势的中国人也同样有着说话先吐为快的语言缺陷。

生活中，总是有些人把说话当成辩论赛，好像说得快、说得多就代表自己胜利了，说话往往脱口而出。事实上，正是因为这样，才导致祸从口出，说一些不该说的话，犯一些无法弥补的错误。

举个浅显的例子：当你下班后，来到超市买菜，在左挑右选后，终于可以付款回家做饭了，但付款队伍犹如长龙一般，队伍前进的速度非常缓慢，前面有一个老太太"霸"在收款台前，用了很长时间数着收款员找给她的零钱，你一面心疼浪费掉的时间，一面强耐着性子等了好久，最终可能按捺不住、歇斯底里地吼了一声，但这一声之后，你发现老太太也不是"省油的灯"，受羞后，她勃然大怒、反唇相讥，接下来，可能就是彼此间的谩骂，甚至招致祸端。

生活中的任何一个人都要明白，你已经不是孩童了，说话做事都要先经过思考，推断其后果，而不能只顾着逞口舌之快。其实，任何一种意思都可以含蓄隐晦地表达，与他人说话时，言语不可太直，也就是人们常说的"说话留三分"，否则会招惹对方不快。委婉地表达自己的意思，往往能增加神秘感，也就有可能收到所期望达到的效果。

明太祖朱元璋出身贫寒，做了皇帝后自然少不了有昔日的穷哥们儿到京城找他。这些人以为朱元璋会念在昔日共同受罪的情分上，给他们封个一官半职，谁知朱元璋最忌讳别人揭他的老底，认为那样会有损自己的威信，因此对来访者大都拒而

不见。

有位和朱元璋儿时一起长大的好友，千里迢迢从老家凤阳赶到南京，几经周折总算进了皇宫。一见面，这位老兄便当着文武百官大叫大嚷起来：“哎呀，朱老四，你当了皇帝可真威风呀！还认得我吗？当年咱俩可是一块儿光着屁股玩耍，你干了坏事总是让我替你挨打。记得有一次咱俩一块偷豆子吃，背着大人用破瓦罐煮，豆还没煮熟你就先抢起来，结果把瓦罐都打烂了，豆子撒了一地。你吃得太急，豆子卡在嗓子眼儿还是我帮你弄出来的。怎么，不记得啦！”

这位老兄还在那喋喋不休唠叨个没完，宝座上的朱元璋再也坐不住了，心想此人太不知趣，居然当着文武百官的面揭我的短处，让我这个当皇帝的脸往哪儿搁。盛怒之下，朱元璋下令把这个穷哥们儿杀了。

俗话说“打人不打脸，骂人不揭短”，每个人都有自己的短处和隐私，任何人都不能仗着自己和对方是好朋友，就肆无忌惮地大加评论，更不能在众人面前揭人伤疤。如果遇上像朱元璋这般的人，你的口无遮拦和只求自己痛快的说话方式可能会把你送上断头台。

虽然现代社会，因为一两句不好听的话不会引来杀身之祸，但是如果像上面那位老兄一样专拣别人不爱听的说，早晚会令自己陷入困境的。这样的人，说话不经思考，想到什么说什么，也不管对方是朋友还是恋人，是长辈还是亲友，总之自己先痛快了再说，这就是典型的把自己的快乐建立在别人的痛苦之上的人。

在待人处世中，场面话谁都会说，但并不是谁都能说好，一句不经心的话就可能触到对方的隐私或伤痛。所以我们在朋友聚会或是与人交往时，一定要注意语言美，首先对别人有起码的尊重，不要去评论和传播别人的是非。无事生非、逞口舌之快不仅有损自己的形象，也会阻碍自己的仕途和人际关系的发展。所以我们一定要管好自己的嘴巴，以免祸从口出。

同样是说话，小锦辞客的方法就很委婉，非常值得学习。

有一回，小锦家里来了一位客人，坐在客厅里一直聊，很长时间都没有离去的意思。

小锦还有其他事要做，屡次暗示客人，那客人却“执迷不悟”。无奈之下，小锦心生一计，对他说：“我家的月季开得正旺，我们到园子里去看看吧？”

客人欣然而起，于是小锦陪他到花园里去赏花。

看完后，小锦趁机说：“还去坐坐吗？”

这时，客人看看天色，恍然大悟，连忙说道：“不了不了，我该回家了，不然会错过末班车的。”

像小锦这种说话方式，就既照顾了他人的感受，又达到了自己的目的，是很聪明的做法。如果小锦在屡次暗示客人失败之后，口无遮拦地对客人下逐客令，肯定会使客人非常难堪，下次绝对不敢再来了。

总之，“说话”也是一种艺术。说什么、怎么说，都有讲究。很多时候，一句恰当的话可以为你加分，而有时吃亏就是因为没能管住自己的嘴巴。对此，我们要有清醒的认识，无论

想说什么，不妨先打个腹稿，多考虑一下自己这样说的后果，这样，能避免说出很多不该说的话。

逻辑口才

任何场合，我们都要注意自己的说话方式：说话太快，不考虑别人的感受，张嘴就来，非要逞一时口舌之快，就可能让别人心有不悦，甚至激怒别人。

以假乱真的语言习惯

我们都知道，逻辑思维也叫理性思维，而我们在理性思维的时候有一个基本的要求：那就是概念的含义要稳定，双方讨论的必须是同一回事，或者自己讲的、写的同一个概念前提要一致，如果不一致，就成了自说自话，如果在自己的演说或文章中，同一概念的含义变过来变过去，就是语无伦次。看起来，这很不可思议，但是这恰恰是很容易发生的。因为同一个概念常常并不是只有一种含义，尤其是那些基本的常用的概念往往有许多种含义。

在说话中，稍不注意，就有可能出现概念的转移，虽然在字面上这个概念并没有发生变化。而其实，自古以来，博大精深的中国文化中，为了制造出语言上的出奇制胜或幽默，人们常常喜欢偷换概念，此处并不是逻辑上的错误，而是中国人的

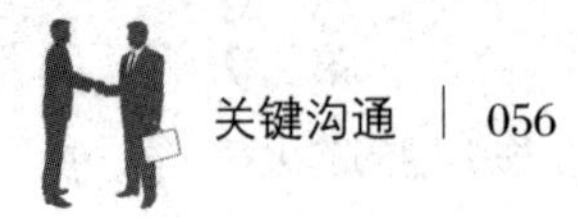

逻辑语言习惯，是故意为之。

所谓偷换概念，也就是我们常说的歪解，就是我们对于对方说出的话给出另外一种解释。从概念上讲，偷换概念犯了逻辑错误，有时候，有些人是故意犯这一错误，为的是重新塑造一个容易推翻的立场，然后再从这一角度进行分析和攻击。通常来说，偷换概念可以是修辞学的技巧，但事实上，这只是一种对人的误导，对方的言论也并没有因为这种误导而被推翻。

"偷换概念"之所以能造成幽默效果，是因为幽默的思维主要不是实用型的、理智型的，而是情感型的。因此，对于一般性逻辑思维来说是破坏性的东西，对于幽默来说则可能是建设性的。

请看下面这样一段对话：

老师："今天我们来温习昨天教的减法。比如说，如果你哥哥有五个苹果，你从他那儿拿走三个，结果怎样？"

孩子："结果嘛，结果他肯定会揍我一顿。"

从数学科学的角度来看，孩子的这种回答是十分愚蠢的，因为老师问的"结果怎样"很明显是"苹果还剩下多少"的意思，属于数量关系的范畴，而孩子却把它转移到未经哥哥允许拿走了他的苹果的生活逻辑关系上去。不过，恰恰是因为偷换了概念，才使这段对话产生了一种幽默的效果。

事物发展的结果有多种可能，按照以往的逻辑思维，可以让我们对其产生多种想象与预测。而偷换概念后的结果，与这些想象推测的结果又是完全有分歧的、不一样的，想象的结果

与实际的结果之间产生了强烈的反差，这样产生出的幽默效果要强烈得多。

类似的例子在生活中很常见。我们来看这样一个例子：

甲："你说踢足球和打冰球比较，哪个门好守？"

乙："要我说哪个门也没有对方的门好守。"

常理上来说，甲问的"哪个门好守"应该是指在足球和冰球的比赛中，对守门员来说本方的球门哪个更容易守，而乙的回答一下子转移到比赛中本方球门和对方球门的比较上去了。

偷换概念所运用的技巧就是将概念的中心含义悄悄地转移或者偷换了，这一概念被偷换得越隐蔽、越离谱，造成的概念差异就越大，产生的震惊就越强，反过来，偷换概念越是隐蔽，发现越是自然，可接受的程度也就越高。表面上看，概念被偷换之后是行得"通"的，但这种"通"并不是"常理"上的，而是另外一个角度上的，能表现出说话者的幽默和智慧。

另一方面，一般来说，人们在进行理性思维的时候，最基本的要求是概念的含义要稳定，也就是双方讨论的是同一件事，只是双方在理解和运用上不同罢了，因而产生不同的效果，从而产生幽默。

又如：

一天，新泽西州长威尔逊接到一通电话，被告知新泽西州的一位议员，即他的一位好友刚刚去世，威尔逊深感震惊和悲痛。几分钟后，他又接到新泽西州的一位政客的电话。

"州长，"那人结结巴巴地说，"我，我希望代替那位议员的位置。”“好吧，”威尔逊对那人迫不及待的态度感到恶心，他慢慢吞吞地回答说，“如果殡仪馆同意的话，我本人是完全同意的。”

威尔逊用的正是歪解的方法，他暗中转换了对方话题中希望得到的“位置”的概念，对方原来觊觎的是议员的席位，而威尔逊故意临时置换为已去世的议员在殡仪馆所躺的位置，从而在幽默中表达了对对方的反感和讽刺。

转换一个角度看问题，看似漫不经心，其实乃是有备而来。我们常说，语言来源于生活，但往往并不仅是生活本身，也就是说，生活是非常现实的、常规的，它不像语言那样充满着虚虚实实、夸张离奇的喜剧色彩。比如，在正式的工作场合中，人与人之间最恰当的交际方式是尽量简要、明确地进行语言的表达和思想的沟通，这一点非常必要。说话时则不同，明明要说甲事，却可以从与之看似无关的乙事说起。本来要表达一种意思，却偷换了概念，表达的是另一回事，这就是我们经常采用的偷换概念式的语言技巧。需要指出的是，现实生活中人们的偷换概念是无意中发生的，而当它成为一门语言技巧时则是有意设计的，并有相当强的针对性。

逻辑口才

自古以来，中国人在语言习惯中，都更注重语言的隐晦性和变换性，而偷换概念就是其中一种。运用这一方法制造出来的语言效果往往是出人意料和非同凡响的。

模糊语言的语用功能

生活中，长辈们经常告诫我们做人做事都要难得糊涂，其实，中国人也喜欢在说话时装糊涂，也就是模糊语言，这是中国人的逻辑语言习惯。所谓模糊语言法，就是用模糊语言来应对他人的谈话，这种方法从表面上看是对谈话者有了交代，但在实际上没有任何的信息和价值，从而达到委婉应答的目的。

模糊的语言是一种重要的交际手段，同时也体现了一个人随机应变的能力。在一些不必要或者不可能把话讲得过于清楚的情况下，完全可以运用这种表达方式，既避免了紧张的气氛，又让自己得以解脱，同时还不会给别人带来负面的心理影响。

的确，在现实生活中，有很多的事情会在没有思想准备的情况下发生，也有很多的问题会让自己感到左右为难。在这种情况下，如果选择沉默或者拒绝，不免会给交际双方带来不好的影响，也会让自己在别人心中的印象大打折扣。在这种时候，我们不妨用模糊的语言来作出回答。

生活中，有很多问题需要用模糊的语言来回答。当别人问你“月薪是多少”的时候，你不妨说“聊以糊口罢了”，如果有人问你是怎样结识一个大人物的，你不妨说：“这是个很复杂的过程，等以后有时间了，我再详细地告诉你。”当别人打听到你父亲的朋友就是你所在公司的领导时，故意问你“你在这家公司应该不错吧？”你可以说“全托您的福”，这种回答既显示出了你的热情，又能巧妙地躲避掉了那些不愿意回答的问题。

在社交场合游刃有余的人，都懂得“模糊语言”的正确运用。模糊的语言能够用恰当的方式、微妙的语言，对别人的问话或者请求作出有余地的回答，既不会因为生硬的拒绝给对方带来不快，又能够保全双方的面子，从而避免了不留后路的后顾之忧。

有一艘豪华客轮在即将到达旅游点的时候突然停了下来，原来是客轮的驾驶室里出现了一些问题。游客们在经过几十分钟的等待之后，终于忍不住内心的不满和焦躁，纷纷把矛头指向了导游，质问事先为什么没有对客轮作检查，追问客轮什么时候才能重新起航。面对情绪激动、失去理智的人们，导游却是镇定自若，脸上一直带着微笑，心平气和地向大家作解释：“请大家不要着急，客轮并没有什么大问题，只是出现了一点小毛病而已。技术人员正在作检查，一会儿就修好了。为了大家的安全，请大家耐心地等一会儿，不要走远，更不要站在危险的地方，马上就要起航了。”导游不断地重复着这些话，游客们的心情也慢慢平静了下来。

导游在回答旅客的质问时，用了一连串的“一会儿”“马上”等词语，既避免了游客的情绪再度波动，又因为没有给出确切的答案而给自己留有了余地。他在安慰声中，并没有给出

确切的时间承诺，而是用一连串的模糊语言让游客们安静地等待了一个多小时。不难想象，如果导游为了安抚游客，盲目地讲“15分钟之后就可以起航了”，15分钟之后客轮依然停留在原地，很可能就会激起游客的怒火。将自己逼往绝境的导游再作出任何的解释都是没有用的，反而会加重游客们的怨气和怒气。

模糊的语言可以作为一种缓兵之计，当别人问你一些没办法回答的问题时，如果委婉拒绝不能起效，你就应该用一些模糊的语言来搪塞一下，这样既可以让自己从麻烦中摆脱出来，又能够不伤及对方的面子。一个聪明的人，在敏感话题上从来不言之凿凿，也不会生硬拒绝，而是懂得用一些模糊的语言来保全双方的面子，从而既为自己留了一条后路，又避免了一些不必要的纠纷。

模糊语言的表达形式是多种多样的，比如，闪烁其词、答非所问、避重就轻，等等，归根结底就是不要把话说得太死，给自己的语言留有余地，给对方留足颜面。

这样的回答，有意改变话题，达到了巧妙拒绝的目的，而且语带讥讽：你还是多关心一下本国的事情吧，不要在这里干涉别国的内政了，李肇星轻松的回答令他很快就转守为攻，赢得了谈话的主动权。

总之，有很多的敏感性话题让我们无法做到坦诚布公地回答，但是又因为考虑到双方的颜面而不愿意作出生硬的拒绝，对此，我就要在说话中讲究一些策略，用模糊的语言回答别人

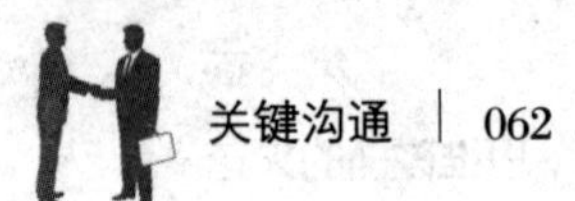

无心或存心的话题，做到既有力度又不伤人，这样的谈话方式会让你的口才水平上升到一个新的台阶。

逻辑口才

模糊的语言是中国人在日常生活中随机应变的一种重要的方法，常常用于一些不必要、不可能把话说得太死的情况。这个时候，我们就可以很巧妙地运用这些模糊的词语，那样会给人一种圆滑的印象，在你不确定的时候，就不要说大话。

逻辑推理，言语对接的顺序

人际交谈，实际上是信息的传达、接收与反馈的过程。人们讲话，有明言的，也有隐晦的，这就需要我们在语言表层上下功夫，要注重逻辑推理，否则，即使再华丽的语言，也只能是舍本求末。要知道，任何一次成功的沟通，都不会只停留于言语表层的通顺上，而是在于挖掘内在的逻辑力量，所以，我们要想提高自己的语言交际水平，就要懂得揭示语言背后的逻辑内涵，并从中找到一些谈话的逻辑技巧。

言语链，语言交流的动态

其实，人们的言语活动我们都知道，口才是建立在语言这一媒介上的，有“语言”就有“言语”，但这二种概念的含义并不相同。在日常生活中，我们听、说、读、写借助的工具就是语言，语言是由词和句子按照一定的规则组织在一起的，我们想要表达逻辑思维时，也要借助它。而言语呢？言语是“产生某一语言的一连串有意义的语音的过程或结果”，通俗点来说，言语就是人们运用语言说话或者书写的过程。

言语由说话者的大脑开始产生逻辑思维，然后向自己的舌头、嘴唇等发出命令，于是产生了声波，然后表达出来。而对于听者来说，他先开始由耳朵接收到声波，再通过神经系统传达给大脑，再经过大脑的加工，形成自己的思维逻辑。

从形式上看，语句则是构成这条链的链环，随着一个又一个语句的连续出现，言语链则一环一环地不断延伸。

人与人沟通之中，说话者假如需要对之前语句进行整理、重述，或者给出新的含义，那么就有了下一语句的出现。从这一方面来说，在某一句特定的话中，也就有特定的言语链，也就有了一条连续不断地提供关于某一事物信息的传输带。从这里，我们看到了言语链的延伸特征决定了言语链中下句的根本

任务即在对上句的所述内容作出新的说明。

进入言语链的语句，都处于一定的语言序列中，而其中作为下句的语句则必须与其上句连贯，也就是要有语义上的关联。

其实，我们可以说，言语链这个信息传递的过程，其实是语言、生理等层面进行多次转换形成的。按照现代控制论的观点，言语链实际上是一个信息反馈和传输的过程，具体来说，包括以下几个方面：

（1）信息传输

这一过程全部是由说话者完成的。说话者通过声波将自己存储于头脑中的信息发送出去。不过，提及言语，涉及的因素就太多，有语音、语义还有语境背景等方面，因此，相对于单一的电讯传输系统来说，也就复杂得多。

另外，我们还要提到另一个概念，也就是对所传播的信息所含的信息量及其有效性的分析。举个最简单的例子，当我们问对方："您贵姓？"虽然对方只回答了一句"姓王"，其实这就是最大的信息量，相反，有时候，即便是你洋洋洒洒说了很多，没有一句是对方想听的，那就是信息量小。

所以，言语交际中，我们应该遵循的一条重要的交谈原则是，用最少的话传达出最大的信息量。

（2）信息反馈

言语交谈中，要看说话者所发送出去的信息效果如何，最重要的还是要看听者的接受情况，这个过程就是信息反馈。

此处，我们说的反馈，包括言语反馈和非语言反馈，听者发出的信息反馈能让发话人了解自己发送出去的消息是否达到了目的，以便调整或者改变自己的信息。

就信息反馈而言，这个过程中，说话者和听者的身份又会进行对调，因为当听者反馈后，开始时的发话人又成了信息的接收者，这样就行成了相互间的信息反馈。

（3）语言反馈

这里的语言反馈可分为外部语言反馈和内部自我反馈两种。前者是指说话者和听者之间进行的信息反馈，而后者则是发生在说话者自身的反馈，是一种自我监听，打动说话人说话时认识到自己可能要说出口或者已经说出口的话有所不妥时，就是在作自我内部反馈。如果话还没说出口，则是隐性自我反馈，假如已经说出口而再作出改变，则是显性自我反馈。

在生活中的很多言语交谈活动，如谈判中，往往是各种信息反馈形式交叉进行的，过程相对复杂得多。

（4）倾听

在说话者和听者之间的信息传达，必须要借助于“倾听”这一活动，所以，“倾听”是反馈的前提条件，这里的“倾听”，不是随便听，而是全身心地、投入到谈话过程中地倾听。

“倾听”整个过程包含了信息的接收、选择、组织和解释四个步骤，然后发出相应的反馈信息。这一过程主要是听和想，而不是听和说，所以需要花费的时间也就相对较少。

不过，此处我们要提醒的是，要想真正有效地倾听，就不能“傻”听，而应该带着第三只耳朵听，也就是要学会听出他人所说出的弦外之音，还要学会从对方的衣着、微动作，甚至是眼神中读懂对方你所想要获得的信息，这才是真正的倾听。

（5）理解

言语传达的过程，主要是通过言语的方式，发出具体的语义信息，由听者倾听并作出反馈的过程，假如这一过程顺利的话，我们称之为“成功沟通”，而假如被干扰，就称之为“阻断”。要想避免或者减少阻断情况的出现，就需要理解，这是沟通的关键。

要做到言语的理解，就要透过言语表情，达到深层次的向逻辑平面的转换。而人们之所以产生思维上的混乱，也是因为词语误解造成的。

所以，要真正理解言语中表达的词义和句义，最重要的还是要搞清楚言语背后是什么概念，这样，即便沉默，也能达到默契的沟通效果。

逻辑口才

人们在言语沟通中，必须要穿过言语表面，达到深层次的逻辑层面，深入揭示其内在的逻辑关系，才能真正了解到语义信息，获得成功的交谈。

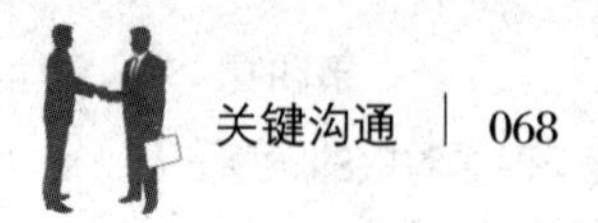

建立良好的逻辑链

我们都知道，人说话是借助语言进行的，而人们说出的话，则是靠思维来处理的，这一过程更是借助语言来进行的。所以，语言不仅是说话的工具，更是我们借以思维的工具，我们既要用语言来表达，也要用语言来思考。因此，即便是那些藏于语言背后的逻辑，我们同样需要借助语言来剖析。可见，说话是在语言层面上进行的，是有形的，而思维是在逻辑层面进行的，是无形的。因此，关于语言、言语和思维，思维是我们想表达的内容，而语言是工具，言语则是思维在被语言进行处理和表达之后的结果。

实际上，对言语表达起到真正决定作用的还是思维，而平日里，我们很少对一段话或者一个句子进行语法层面的分析，只是停留在语言层面而已，无法从根本上解决问题。比如，“我吃面”和“面吃我”，还有“我喜欢他”和“他喜欢我”，在语法上来看，都是一样的，结构上都是“主—谓—宾”，但语则完全不同，因此，我们必须透过语句来进行逻辑层面的分析，才能真正掌握语义。

语言学家从逻辑学的角度进行了一系列的分析和研究，他们认为，在言语表达和逻辑思维之间，要从总体关系上进行分析，找出具体的一些规律，这将有助于其深层次的逻辑研究。

为此，我们可以总结出，在言语交际的过程中，任何一个

言语链的背后其实都深藏了一个与之相对应的思维活动上的逻辑链。

人与人之间经常进行的言语上的交流，其实都是逻辑链之间的沟通，语言只是传达的工具，只要保持在逻辑链上的沟通，有些语言甚至可以省略不说，也能起到沟通的作用，而假如不存在这一逻辑链的话，那么，言语交际是无法完成的。

此处，我们要探求关于逻辑链的理论，也就是要从宏观上把言语和逻辑对立起来，然后探讨存在于它们之间的区别、联系以及转换方式等，希望在二者之间找到可以共通的规律，而我们在研究方法上并不限制，形式上的和非形式上的，都能拿来使用。

逻辑链构成的基本元素是概念，其基本单元是概念构成的判断，它是一个以判断为基本环节组成的序列，在判断之间按照其内在的逻辑关系串联起来。一条逻辑链，可以是一个判断，也可以是一组判断联合在一起。其基本形式是前者，而后者则是其扩展形式。

接下来，我们就逻辑链的两种形式进行分析：

如果是由一个判断组成的逻辑链，其形式是：

A：p

如果由两个或者两个以上判断构成的逻辑链，其形式则是：

A：p～n

A：p～q～n

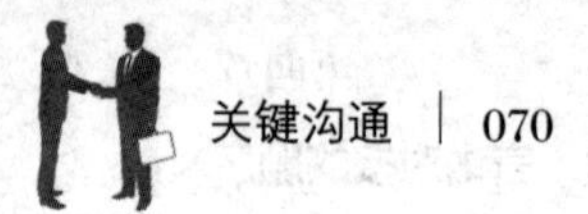

A：p～q～r～n

……

从这里我们可以看出，逻辑链无论是由多少判断组成的，在至少有两个判断的情况下，最后总有一个判断，上面，我们是用“n”表示的。

到这里，我们就能对逻辑链进行定义了：所谓逻辑链，就是在同一思路中，一个判断或者一串具有内在关联的判断的有穷系列，其逻辑形式可以表达为：

A：p～q～r～……n

在这一公式中，“A”代表逻辑链，p、q、r、s、n分别代表的是组成逻辑链的判断，符号“～”表示两个判断之间的连接，而在具体的句式中，我们称之为连接词，而有连接词，必然有连接符号，我们总结一下连接符号有：¬（并非）、∧（并且）、∨（或者）、→（如果，那么）、←（只有，才）、⟷（当且仅当）、⊢（因为，所以）等来表示。

我们举个例子，有这样一句话：“因为我是孩子的妈妈，而且家务事很多，所以，您的聚会我可能不去，如果我不能去的话，我让我爱人去。”在这段话里，我们可以对内心的逻辑链进行分解：

这段中所含的各种判断我们可以用符号来表示：

①我是孩子的妈妈（p）。

②家务事很多（q）。

③您的聚会我去（r）。

④您的聚会我不去。

⑤让我爱人去（s）。

我们能用符号表示出话中的连接词：

“因为……，所以……”（$\vdash$）

“如果……，就……”（$\rightarrow$）

“……，而且……”（$\wedge$）

“可能……，可能……”（$\vee$）

这样，我们就能对这段话进行分解了，将其分解成两个重复的句式：

①“因为我是孩子妈妈，而且家务事很多，所以，您的聚会，我可能去，可能不去。”

用符号表示就是：

$[p \wedge q \vdash r \vee \neg r]$

②“如果我不能去，我就让我的爱人去。”

用符号表示则是：

$(\neg r \rightarrow s)$

于是，接下来，我们对整段话的逻辑连接表示成：

A：$[p \wedge q \vdash r \vee \neg r] \wedge (\neg r \rightarrow s)$

到这里，我们就能用语言符号对语言表达进行深层次的逻辑分析和表达了。当然，这也只是简单的分析，是从宏观角度分析和把握的，具体还要我们在语言沟通中进行细细分析和把握。

逻辑口才

语言表达的层次其实反映了思维层次，所以，了解和分析言语连接中的逻辑链是对语言交流分析和理解的关键点。

言语里的逻辑链

我们在前面已经分析过，在人际间的实际交谈中，很多时候为了更便于表达，我们会省略语句中的某些部分，有些话可以直接说出来，有的则需要隐藏。而运用逻辑分析的方法，不但能对停留在表面的话进行语义分析，而且能将已经表达出来的逻辑链和隐藏的部分进行有机联系，所以，隐藏部分也就被解释出来了。所以，这就是逻辑分析与表面的语法、语义分析的不同之处，逻辑分析的着眼点是对思路进行分析，而语法分析则是进行语表分析，这是它们之间最大的区别。

那么，具体来说，我们该如何透过言语揭示逻辑链呢？

在前面的小节中，我们已经分析并知道，任何一个言语链都有与之相对应的逻辑链，言语链是表层结构，而逻辑链则是深层结构，我们必须且只有运用逻辑推理的方法才能对表层与深层的含义进行解释。我们先来看看下面的一则故事：

有一位青年王某，其女友拜托了他一件事，但王某没有办

成，为此，他感到十分内疚，一天，他来到女朋友家，很惭愧地问女友："是我不好，你不会恨我吧？"

女友很淡定地答道："怎么会呢？只有爱才会有恨。"

也许你会认为青年在听到这句话后很高兴，但其实不然，很简单的道理，女友言下之意是，她从未爱过青年王某。为此，王某深感悲痛。

所以可以说，王某女友的话中含有更深层次的逻辑链，在这段话背后，暗含了一个必要条件假言推理：

只有爱，才会有恨。（第二句话。）

没有爱。（隐含语。）

所以，也就不会有恨。（也就是女友说的："怎么会呢？"）

我们能就这一推理列出公式：

只有p，才q。

非p，

所以，非q。

逻辑链：$[(p \leftarrow q) \wedge q \neg p \vdash \neg q]$

在逻辑学上，对一个必要条件进行假言推理，可以通过否定前件（非p）来推出一个否定后件（非q）的结论。这里，王某女友只说了两句话——"怎么会呢"和"只有爱才会有恨"，但恰巧是这两句话才是推理中的结论和大前提，省略的是中间的小前提，而青年听完这句话中立即听出了话外音——""女友对他没有爱。"这是隐藏的小前提，也是青年王某悲痛的原因。

实际上，对暗含的语义的分析，涉及更深一层次的思维机制。我们若想了解人在说话时的思维活动，其实无论对于说话者还是听者来说，都需要进行分析和判断。这一过程，其实也就是对信息的处理和加工的过程。

可见，我们若要揭示出一个言语链背后深藏的逻辑链，要把隐含的部分从明言部分挖掘出来，就必须运用逻辑推理和分析的方法。如果判断层次较多的话，我们还要进行更为繁杂的分析，才能作出准确的判断。接下来，我们举例分析：

A问：假如两天前是星期六的前一天，那么，后天是星期二，对吗?

B想了想之后，回答：是的。

此处，虽然只是一个简单的对话，但需要说话者和听者双方经过一定的逻辑思维过程。其中，B在回答时要思考，要进行层层的逻辑推断，否则，他就无法判断出A说的话是对是错，他的思路是，根据A的发话，进行一番连锁式的推理，具体来说，这一过程是：

假如两天前是星期六的前一天，那么，今天往前的前两天是星期五；

如果今天往前的第二天是星期六，那么，今天是星期日；

如果今天是星期日，那么，后天就是星期二；

所以，“两天前是星期六的前一天，那么，后天是星期二”这句话是对的。

很明显，这也是一个假言连锁式推理。前三句都是A隐含的

前提，也是B必须要进行逻辑推理的过程。后面一句是A直接说出来的话，也是B在揭示出隐含前提下得出的结论。此处，如果我们用p、q、r、s来表示上面这四句话的话，则公式是：

p——q

／

q——r

＼

r——s

p——s

用逻辑链表示，则是：

A：$[(p\to q)\wedge(q\to r)\wedge(r\to s)]\vdash(p\to s)$

在上面B的推理过程中，虽然看似是简单，但只要他在一个环节上出现了失误，就会导致整个推算结果的失败。

所以，人际交往中，当我们在与人交谈时，必须要学会以对方说出的明言为条件，然后准确地揭示出明言背后隐藏的思维层次。换个角度说，也就是我们要在已知的信息条件的基础上，调动我们的逻辑推理能力，进行逻辑思维推理，以此得到我们想要的答案。

逻辑口才

现实生活的交谈中，并不是所有的含义对方都会直接表达出来，更多时候需要我们进行逻辑推理，这一过程也就是从言语链中揭示逻辑链的过程。

语言逻辑与思维能力的联系

随着人类社会的进步和各个领域的发展，专业人士对人类思维领域的探索也取得了飞跃的进步。20世纪50年代的时候，现代认知心理学应运而生，心理学家们对言语活动的心理机制进行了深入的研究，然后在这一基础上提出了信息加工理论。一些人认为，思维是人类大脑加工的结果。近四十年以来，神经生理学领域研究并认为，思维是整个大脑的功能，尤其是来自于人的大脑皮层。很简单，人的大脑中，不同的部位受到了损伤，也就会对人的思维产生不同的影响，当然，这一影响都是负面的，而其中，额叶对脑皮层的影响最大，因为它起着不可替代的作用。原本在大脑皮层其他部位加工做的信息，最终都还要被输送到大脑额叶进行更为深层次和复杂的加工、整理和综合，最终对人的思想、心理和行为进行调控。

美国当代脑科权威麦克林就人脑的层次进行了专门研究，他发现，人的大脑其实可以分为三个层次：

第一层是最外面的，被称为新皮层，属于人的显意识部分；

第二层是缘脑层，也就是紧挨着新皮层的下面部分，它掌控的是人的情绪、感情部分；

最里面的一层是爬行动物脑层，属于人的潜意识部分。

人脑中三个不同的部分，分别管辖着不同的领域，也负责不同的信息加工工作，但它们之间又是相互配合的，共同工

作，共同构成了整个大脑皮层这一整体。

法国神经生理学家尚格曾提出：人的行为、思维和情感等都是来源于人的大脑中那些物理和化学现象，是相应神经元组合的结果，其中，一个神经元是有纤维分支的，而正是这些分支能将这一神经元的信息传递给更多的神经元，完成信息的传递和综合过程。

我们必须要承认的是，现代社会，在人的思维领域，人们逐步以脑神经生理活动来解释思维功能，是这一领域里的巨大突破。然而，至于人的思维活动究竟是怎样工作的，迄今为止，依然没有一个权威的答案。

在前文中，我们提及言语链和逻辑链之间是一一对应的，需要我们进行深层次的挖掘和推理。而这也是常见的方法。

无论如何，我们可以肯定的一点是，人与人之间在很多方面是存在差异的，逻辑思维能力也囊括在其中，针对同一件事，不同的人看到的面不同，推理的方法也不同，最终得出的结果也可能不同。

一天，在某汽车站候车室内，一位妇女坐在椅子上玩手机，而她的行李箱就放在自己座位旁边。忽然，她往旁边一看，发现自己的行李箱不见了。她着急地站起来，然后看到一个小伙子正拿着一个行李箱匆匆往前走，她赶紧追上去，定睛一看，发现那就是自己的箱子，然后一把抓住小伙子的胳膊，问道：“你怎么拿了我的箱子？”

小伙子愣了一下，然后赶紧道歉地说："呃？这箱子想您的吗？真不好意思，我拿错了。"说完，他赶紧把箱子塞到这位妇女手里，然后急匆匆地就走了。

这位妇女倒也宽容，心想，既然是拿错了就算了，不追究了。

正在小伙子准备离开候车厅的时候，被一位身着制服的人一把抓住，这人应该是值班民警，小伙子丈二和尚摸不着头脑，妇女也觉得奇怪。这是怎么回事呢？

接下来，民警问小伙子："既然你是拿错了，那么你自己的箱子呢？怎么都不回去找找看？"

小伙子顿时哑口无言，不知如何是好。民警当然知道其中内幕，所以将这位妇女和小伙子一起带到了值班室，小伙子也对自己的企图供认不讳，原来他是想趁着妇女不注意偷走箱子，无奈被妇女发现，只好谎称自己是拿错了，到这时，妇女才恍然大悟。

在这一故事中，虽然妇女和民警都听到了小伙子的借口——"我拿错了"，也在各自的思维中进行了深加工，不过，我们发现，二者加工的过程和结果是完全不同的。我们先来看看这位妇女是怎么思考的：

如果拿错了行李箱，而且还给我了，就不必追究了。

小伙子是拿错了箱子，而且还给我了。

所以，我就不再追究了。

很明显，在逻辑上这是一个充分条件的假言推理，分别用符号来表示就是：

①拿错了行李箱。（p1）

②还回来了。（p2）

③不必再追究。（¬q）

我们就其思维过程列出推理公式：

$$\frac{\begin{array}{c}(p1 \wedge p2) \rightarrow \neg q \\ p1 \wedge p2\end{array}}{\neg q}$$

逻辑链则是：

A：$[(p1 \wedge p2) \rightarrow \neg q] \wedge (p1 \wedge p2) \vdash \neg q$

本来，这是一个正确的推理过程，但是运用到当时的情况，这位妇女还是忽略了另外一个更深层面的推理，不过，庆幸的是，当时在场的民警作出了这个推论：

按照他说的，如果他拿错了行李箱，那么，他自己肯定有一只箱子。

如果他自己有箱子的话，他应该回去寻找。

但是他没有回去找自己的箱子。

————————

所以，他不是拿错了箱子。

在逻辑上看，这一推理也是正确的。我们可以用符号来表示：

①他拿错了行李箱。（p）

②他应该有一只自己的箱子。（q）

③他应该回去找自己的箱子。（r）

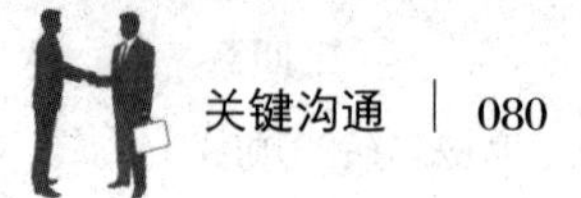

我们就其思维过程列出推理公式：

p → q

q →r

¬ r

————————

¬ p

逻辑链是：

A：[（p→q）∧（q→r）∧→r）]├ ¬ p

我们此处所作的虽然是一个比较长的推理，但是对于当时的民警来说，进行逻辑推论和得出结果只是一瞬间的事，所以他抓住了小偷。而那位妇女则是忽略了这一层逻辑推理，才放过了小偷。

当然，我们也不能忽视一种情况，也许这位妇女也作了这样一层推理，也得出了和民警相同的答案，但是为了多一事不如少一事，最终故意不再追究了。

总之，言语交谈中，尤其是那些需要我们进行推理论证的复杂言语，需要我们运用智慧的大脑进行逻辑推理和思考，然后再进行对话的设计，进而达到我们的谈话目的。

逻辑口才

其实支配人们行为的是言语背后的逻辑，只不过个体思维能力的差异使得人们对于同一信息所给出的逻辑推理方式不同，而导致了最终的结果不同。

正确理解沟通中的非语言信息

生活中，很多人认为语言的交流给人提供了大部分的信息，事实上，语言学家艾伯特·梅瑞宾的研究表明，人与人之间的沟通多达93%是通过非语言沟通进行的，只有7%是通过语言沟通的。而在非语言沟通中，有55%是通过面部表情、形体姿态和手势等肢体语言进行的，只有38%是通过音调的高低进行的。

有研究人员曾通过实验研究了握手的效果，结果证明：身体的接触行为能增强人与人之间的亲近感，即使是初次见面的人，也有同样的效果。为了强化这种效果，有人会伸出双手与人握手，这样的人大多非常热情。

然而，人的身体部位在不同环境、情景以及受到不同的生理作用的影响时，它们所传达的心理信息是不同的，只有综合考虑各方面的因素，才能帮助我们正确地作好心理分析。可能你经常听到身边的人这样说：

“他今天居然连胡子都没刮，一定是跟女朋友吵架了。”

“开会时老板一直看着我，对我点头微笑，一定是觉得我表现很好。”

“他说话一直在搓手，肯定有强迫症。”

……

有些人喜欢这样揣测他人的心理和情绪，而实际上，这些揣测并不一定正确，原因很简单，他们对他人的身体语言的分析并不到位，比如说，“胡子没刮”，原因有很多种，可能时间不够，可能是其他生活问题，把原因归结于“和女朋友吵架”未免太过武断；“开会的时候老板的笑容”可能是针对所有人的；喜欢“搓手”，也有可能是因为紧张，并不完全是因为强迫症导致的……

很明显，如果要正确解读他人的身体语言，我们必须要综合考虑，掌握一些解读的规则，这些规则有：

（1）理解要连贯

在理解他人的非语言信息中，一些人会犯这样的错：将研究对象的某个动作或者表情剥离出来，他们忽视了其他相联系的表情 、动作，然后孤立、片面地解读他人的肢体语言。

比如，在与人说话时，他们看到对方挠头，就以为对方是尴尬，其实，挠头的原因有很多，比如，去头屑、头痒、不确定、健忘或者撒谎等。所以，其具体含义应当取决于同时发生的其他表情和动作。

其实，和句子一样，我们说的每句话也是可以分解的，可以将其分解为词组、标点等，每一个表情或动作就好比一个单词，而每一个单词的含义都不是唯一的。

因此，只有当你把一个词语放到句子里，配合其他词语一起理解时，你才能彻底弄清楚这个词语的具体含义。以“句子”形式出现的动作或表情被称为肢体语言群，就好比我们如果想说一句话，就至少需要用三个词语来组织才能清楚地表达说话的目的。可以这么说，如果一个人能够读懂无声的肢体语

言长句，并且准确地将它们用有声的话语表达出来，那么，他的“感知力”一定很强，或者说他的“直觉”一定很灵敏。

所以，如果你想获取准确的信息，就应该连贯地来观察他人的肢体语言。

当我们感到无聊，或是有压力的时候，我们常常会不断地重做复一个或者多个动作。不停地摸头发或玩头发就是这种情况下我们最常见的一种表达方式，可是，假如不考虑其他动作或表情，同样的动作则很有可能表示这个人心中很焦虑，或是不确定。

（2）寻找一致性

研究表明，通过无声语言传递的信息所产生的影响力是有声话语的五倍。而且，当两个不同的人进行面对面交流的时候，尤其当这两个人都是女人的时候，她们几乎会全部依赖无声的肢体语言进行交流，而无视话语所传递的信息。

西格蒙德·弗洛伊德曾经遇到过一个案例。案例中，病人告诉他，她的婚姻生活十分幸福。在谈话中，这位病人不断地将她的结婚戒指取下又戴上。弗洛伊德注意到了这个小动作，他很清楚这意味着什么。所以，当传来她的婚姻出现问题的消息时，弗洛伊德丝毫不感到惊讶，因为一切都在他的意料之中。

观察肢体语言群组，注意肢体语言与有声语言的一致性就好比两把金钥匙，能够帮助我们打开肢体语言的宝库，从而正确地解读出无声语言背后的真正含义。

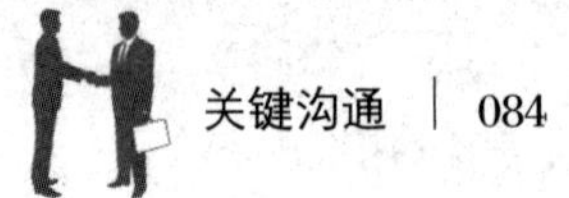

（3）理解要结合语境

对所有动作和表情的理解都应该在其发生的大环境下来完成。

举个很简单的例子，在大街上，寒风瑟瑟，你看到一个人双手抱在胸前，你应该很清楚，他这样做并不是为了保护自己，而是为了取暖。同样的情况，如果放到谈判桌上，那么，对方的意图就是自我保护，你应该明白，他其实是想借此告诉你，他对你的话持否定的态度，或者他对你持有敌意。

逻辑口才

身体就像一个无法关闭的传达器，时刻传送着人们的心情和状态。语言通常用来表达正在思考的东西或概念，而非语言信息则较能传递情绪和感受。因此，在通过非语言来进行逻辑分析时，必须要综合多方面因素考虑。

逻辑语言，滴水不漏的缜密

生活中，我们经常会犯一些逻辑错误，如话题转移、两难推理、因果倒置等。在进行逻辑推理时，我们应当避免这些错误，也应该在说话中注意推敲自己的逻辑语言，但在某些特定的语言沟通场合，假借这些“错误”，引导对方按照我们的意愿进行思维，反而有利于达到目的。

说话前后矛盾，自己挖坑自己跳

我们都知道，在逻辑学中，有一条著名的矛盾律，所谓矛盾律，实际上是禁止矛盾律，或不矛盾律。矛盾律的基本内容是：在同一思维过程中，两个互相矛盾或反对的思想不能同时是真的。或者说，一个思想及其否定不能同时是真的。

矛盾律的公式是：并非（A而且非A）。公式中的“A”表示任一命题，“非A”表示与A具有矛盾关系或反对关系的命题。因此，“并非（A而且非A）”是说：A和非A这两个命题不能同真，亦即其中必有一个命题是假的。

从矛盾律中，我们也能得出一点，在日常生活和工作中，我们说话时，一定要注意逻辑，说话前后不一，只会让我们陷入自相矛盾的境地。

比如，我国战国时代的思想家韩非子曾经谈到过这样一个故事：

有一个卖矛（长矛）和盾（盾牌）的人，先吹嘘他的盾如何地坚固，说：“吾盾之坚，物莫能陷。”过了一会儿，他又吹嘘他的矛是如何地锐利，说：“吾矛之利，物无不陷。”这时旁人讥讽地问：“以子之矛，陷子之盾，何如？”卖矛与盾的人无言以答了。

因为，当他说“我的盾任何东西都不能刺穿”时，实际上是断定了“所有的东西都不能够刺穿我的盾”这个全称否定命题；而当他说“我的矛可以刺穿任何东西”时，实际上又断定了“有的东西能够刺穿我的盾”这一命题。这样，由于他同时肯定了两个具有矛盾关系的命题，所以也就出现了自相矛盾的情况。

某村子里有个理发师，他规定：在本村我只给而且一定要给那些自己不刮胡子的人刮胡子。请问：这个理发师给不给自己刮胡子？

对此，你可能会产生疑问，这里，理发师给不给自己刮胡子呢？只有两种情况：不给自己刮，或者给自己刮。

如果理发师不给自己刮胡子，那么按照他的规定（我一定要给那些自己不刮胡子的人刮胡子），他就应该给自己刮胡子。这就是说，从理发师不给自己刮胡子出发，必然推出理发师应该给自己刮胡子的结论，这本身就构成逻辑矛盾。

如果理发师给自己刮胡子，那么按照他的规定他应该不给自己刮胡子。这就是说，从理发师给自己刮胡子出发，必然推出理发师应该不给自己刮胡子的结论，这本身也是一个逻辑矛盾。

从语言方面看，在遣词造句时，如果对于相反的两个词同时赋予同一个主语，就会发生文字上的矛盾，而这一情况被运用到日常的人际沟通中，也就发生了语言上的逻辑矛盾。接下来，我们再看看下面几个例句：

①“这里是远离祖国的边疆，却又紧紧联系着祖国的心脏。”

②“在海外，我是个穷人家的孩子，当时不必说读书，就连日常生活都不能维持。我爸为了一家人的生活，替资本家做苦工给折磨死了。他死以后，我就没有书读了。”

③“要写好这个戏，困难确实很大。我们几个人都没有从事过文艺创作。老李虽然写过几篇小说，但写戏还是第一次。不过我们有信心完成这个任务。”

④有人说：“所谓信念就是一种坚信不疑的观念。世界上有没有信念一类的东西？我可以肯定说是没有的。”

⑤古希腊哲学家赫拉克利特的学生克拉底鲁说：“我们对任何事物所作的肯定或否定都是假的。”

上面几个例子中，很明显都犯了前后矛盾的错误，这里不必一一细说、分析。在我们的生活中，不少人在说话时也是漏洞百出、前后不一，给他人留下话柄。我们再来看看下面的故事：

一个年轻人对大发明家爱迪生说：“我有一个伟大的理想，那就是我想发明一种万能溶液，它可以溶解一切物品。”

爱迪生听罢，惊奇地问：“什么！那你想用什么器皿来放置这种万能溶液？它不是可以溶解一切物品吗？”

这里，为什么这个年轻人被爱迪生问得哑口无言呢？因为他的想法包含了逻辑矛盾。因为他一方面承认“万能溶液可以溶解一切物品”，另一方面又承认“存放这种溶液的器皿是万

能溶液所不能溶解的”，这两个判断是互相矛盾的。

我们在说话时，要想要避免出现这样的逻辑错误，就要在平时注重逻辑思维的训练，并养成验证语言的习惯，这样，久而久之，就能增强语言的逻辑性。

逻辑口才

矛盾律的主要作用在于保证思维的无矛盾性，即首尾一贯性。而保持思想的前后一贯性，乃是正确思维的一个必要条件。矛盾律要求对两个互相矛盾或互相反对的判断不能都肯定，必须否定其中的一个。否则，会犯“自相矛盾”的错误。

自己证明自己，到底有多难

在前面的章节中，我们在谈中国人的语言逻辑习惯时提到，中国人常喜欢引用他人之言作为论据，在人际沟通中，这一方法确实能提升我们语言的可信度。但从逻辑学角度看，这犯了“以人为据”的错误，要知道，以他人之言，即便是权威之言，我们也不能拿来作为论据，因为真理高于权威，交谈时，我们要从多角度进行推理论证，而不应该笃信权威。

然而，在现实生活中，我们经常发现，一些人在语言沟通中，为了要证明某个观点或想法，甚至自圆其说、一厢情愿——以自己单方面想法作为论证根据，很明显，这是不可取的。我们来举个例子：

小王是个很有爱心的女孩，一天，她看到自己的朋友小李在饭店吃狗肉，于是，赶紧上前训斥："我不是跟你说过吗？我们是不能伤害小动物的，它们就像我们的朋友，你忍心伤害你的朋友吗？"

这段话中，小王的话虽然很有道理，但是从逻辑推理角度推理，是无法得出结论的。她犯了用自己的话来作为论据的错误，也就是"我不是跟你说过吗"。在逻辑推理中，我们自己说出的话，只能是宿主感情，而不能作为证据。

不过，我们生活中的不少人，都犯有这样的逻辑错误，他们总是试图通过操作别人的感情来取代一个有力的论述。人们操作的感情可能包括恐惧、嫉妒、怜悯、骄傲等。一个逻辑严谨的论述可能激起别人的情感波动，但是如果只用感情操作而不用逻辑论述，那你就犯了诉诸感情的错误。每个心智健康的人都会受感情影响，所以这种谬误很有效，但这也是为什么这种谬误是低级和不诚实的手段。

日常生活中时常可以见到这样的情景：某单位开大会，自然少不了某些领导尤其是高层领导的讲话，然而，领导者讲话时常常将自己在文件中或者在会议上说过的话作为此次讲话的论据，"我在之前的会议中强调……""平时的工作中我曾说过很多次……"然后针对同一个内容，反复重复，或不着边际地发挥，啰嗦个没完，浪费别人的时间，引起不满与抱怨是必

然的。这种毛病也就是犯了逻辑上的“自己”证明“自己”的错误，不仅有损领导形象，也浪费大家的时间，而假如领导者能事前多作准备，多寻找专业的材料进行证据支持，是更能加强其说话信服力的，而不是说大话、空话。

与“以人为据”相比，事实论据主要是以真实的、普遍的事情为主要论据的。诚然，我们常需要带着感情说话，但是多数情况下，人们更愿意相信那些事实材料，所以，在沟通中，如果我们多列举事实，会让说出的话更有说服力。

晏殊是北宋时期著名的词人。14岁那年，年纪轻轻的他就参加了由皇帝作为主考官的殿试。宋真宗出了一道考题，让他在一个时辰之内做完。晏殊接过考题一看，就对宋真宗说：“这个题目我在十天之前就已经做过了，草稿还在家里。请陛下还是另外出一个题目吧。”真宗皇帝听完之后，十分欣赏他的诚实，就高兴地赐他为“同进士出身”，命他去国史馆任职。

每到节假日的时候，京城里的官员们总要到外面去吃喝玩乐。但是晏殊从来不参与这些活动，只是关起门来在家里读书写字。有一次，真宗下诏让晏殊担任东宫太子的师傅。按照惯例，太子的老师这一职务只有德高望重的人才能担任，而晏殊的被破格提拔让很多大臣表示不解。真宗对大臣们解释说：“每逢节假日的时候，群臣都要呼朋唤友去吃喝玩乐，只有晏殊在家闭门读书。这种自重谨慎的人，才是太子师傅的最佳人选。”晏殊听罢，却对皇帝说：“臣并非不喜欢游玩宴饮的

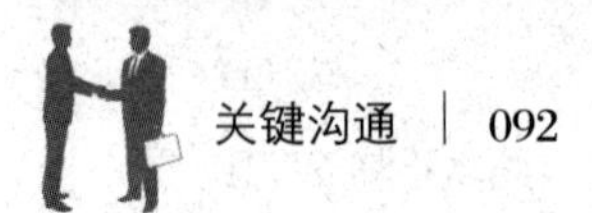

人，只不过是因为家里太穷罢了。如果我有足够的钱，也会和别人一样参与宴游的。”真宗听完，不但没有怪罪，反而更加喜欢他的真诚了，对他也就更加地信任。

晏殊的回答十分淳朴和平淡，没有丝毫花言巧语的修饰，却得到了皇帝的信任和倚重。这就是用事实说话的魅力。

可见，无论是我们自己的话，还是名人名言都不可以直接作为论据，我们在演讲场合或者辩论场合看到，不少人都会使用名人的名句，这也只是达到增强语言渲染力的效果，其实并不能起到逻辑支撑作用。不过，还有一种情况是例外，谈话中，真正可以拿来作为论据的，是专家证言，有实验支撑的那种。譬如法律类的题目举法律专家的证言，农业类的题目举农学家的证言，比名人名言有效多了。

逻辑口才

在语言交谈中，用“自己”证明“自己”，犯的是以人为据的逻辑错误，更多的是为了诉诸自己的情感，是不能作为推理论证材料的。

如何使用论题转移的语言技巧

在逻辑推理中，有一条著名的定律——同一律。同一律的基本内容是：在同一思维过程中，每一思想的自身必须是同一

的。同一律的公式是："A是A"。公式中的A可以表示任何思想，即可以表示任何一个概念或任何一个命题。就是说，在同一思维过程中，所使用的每一概念或判断都有其确定的内容，而不能任意变换。

同一律在思维或论证过程中的主要作用在于保证思维的确定性。而只有具有确定性的思维才可能是正确的思维，才能正确地反映客观世界，人们也能以此进行思想交流。否则，如果自觉或不自觉地违反同一律的逻辑要求，混淆概念或偷换概念、混淆论题或偷换论题，那就必然会使思维含混不清，不合逻辑，既不能正确地组织思想，也不能正确地表达思想。因此，遵守同一律的逻辑要求乃是正确思维的必要条件。

所以，逻辑推理中，在同一思维过程中必须保持论题自身的同一，否则就会犯"转移论题"或"偷换论题"的错误。混淆或偷换论题是在论证中常见的一种逻辑错误。这种错误是在论证过程中把两个不同的论题（判断或命题）这样或那样地混淆或等同起来，从而用一个论题去代换原来所论证的论题。比如，有人在讨论中学生需不需要学习地理时讲过这样一段话：

"我以为中学生没有必要学习地理。某个国家的地形和位置完全可以和这个国家的历史同时学习。我主张可以把历史课和地理课合并，这样对学生是方便的。因为，这样做所占的时间较少，而获得的效果却很好。否则就会这样：这个国家的地理归地理，而它的历史归历史，各管各，不能互相联系

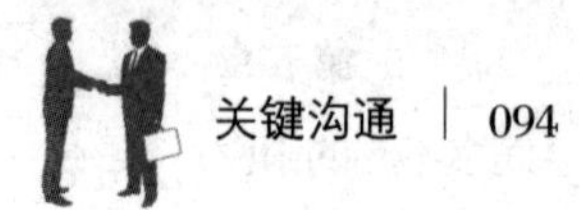

起来。”

从这段话里不难看出：谈话者最初提出的话题是“中学生没有必要学习地理”，而随后所论述的却是另一个论题：可以把历史课和地理课合并。显然，谈话者是把后一个论题与前一个论题混淆起来了，因而他就自觉或不自觉地用后一个论题去偷换了前一个论题。这就是一种混淆或偷换论题的逻辑错误。

我们再来举个例子：

小红反对同性恋婚姻，因为她认为如果我们允许同性恋结婚，那么就会有人想要和桌子、椅子结婚。

很明显，此处小红犯的也是话题转移的错误。

然而，从这一逻辑错误中，我们也能得到一点启发：转移话题也可以成为谈话技巧。

在交际场合中，往往会遇到一些比较严肃的话题，交流的双方难以在这些事情上达成一致的意见，从而阻碍交谈的正常进行。那么在这个时候，就要刻意地去回避一下，将谈话转移到其他的话题上去，用一些轻松愉快的谈话内容来改变一下紧张呆滞的局面，转移双方的注意力。这样就能将意见分歧较大的话题作有意识的淡化，让原来僵持的场面重新变得宽松愉悦起来，打破尴尬的局面，给双方心理受到的负面影响降到最低的范围之内。

金亚楠和老板陪一个外商用餐。老板热情地请外商点菜，备受感动的外商在看了菜单之后，一时兴起，说了句中国话“tu

tou si”，讲完之后又朝着老板笑了笑。谁知老板却火冒三丈，当即指着外商大骂：“你，死洋鬼子！”原来，外商在说“土豆丝”的时候因为发音不准被老板听成了“秃头死”，正好老板是光头，外商的微笑也让老板误以为是嘲笑，因此就气冲冲地朝着外商大骂了起来。

当金亚楠告诉老板老外的真实意思时，老板顿时暗自后悔刚才的冲动。而外商对老板的斥骂感到不解，同时对他的粗鲁也面露愤怒。双方陷入了巨大的尴尬之中。

为了避免因误会而错失这次机会，金亚楠便用英语向对方解释道：“在我们中国有打是亲骂是爱的俗语，刚才我们老总的行为其实是事先精心安排好的，他并不是要骂您，而是一种示好的方法。可能是因为您对中国文化不太了解，所以您对他的举止感到不喜欢……”

外商听到之后，转怒为喜，笑着说：“这实在是太有趣了，不过，我可不可以不死啊？我还以为你们老板不喜欢吃‘秃头死’呢……”外商发出阵阵爽朗的笑声，而老板听到‘秃头死’这三个字却总感到不舒服。

金亚楠便继续开玩笑说：“我们老总很喜欢‘秃头’，就是不喜欢‘秃头死’啊！”

“哈哈，那就只喜欢‘秃头’好了，‘秃头’真的是很不错的！”外商继续哈哈大笑着，老板的脸色也缓和了许多。

每个人都希望自己在社交场合中做到一路顺风、从容不迫，但是现实和理想有着很大的差距。在具体的交际中，我们经常会遇到一些让我们措手不及的突发状况。这时候往往会让每一个在场的人都感到异常尴尬，下不了台。在突发的状况下，如果僵持在那里，只顾及自己的不自在的话，别人也会和我们一样感到压抑，最终会让气氛变得十分凝重，也会让原本可以顺利办成的事情僵持在那里，变为不可能。一个会说话的人能够巧妙地运用一句玩笑话抹去意外发生的尴尬，改变人们的处境和心情，营造出一份特有的气氛，让社交场合重新回到欢快和愉悦当中。

面对突发性的事件，没有任何人能够作好事先的准备。而交际场合中尴尬窘迫的现象又是时常发生并且又是表现不一的，因此，在我们处理这些尴尬的事件时，一定不能拘泥于某个固定的模式，而是要善于分析和思考，从而作出具体恰当的反应，只有这样才能化窘迫为谈笑，化尴尬为正常。

逻辑口才

话题转移虽然是一个逻辑错误，我们在逻辑推理时也应该尽量避免，但也可以成为我们谈话时的一大语言技巧，能帮助我们巧妙改变交谈中的一些尴尬场景。

循环逻辑错误，无法面面俱到

我们都知道，在逻辑推理中，很多人不遵循推理的严格

性，而犯了很多逻辑错误，其中就有一点——循环逻辑错误，也就是逻辑学上常常提到的循环论证，循环论证是指用来证明论题的论据本身的真实性要依靠论题来证明的逻辑错误，简单说，就是用假设证假设。

比如，杰斐逊教的经文《××》里面说的东西都是真理，因为在《××》第一章第二段里面提到了“杰斐逊所述都是真理”。

很明显，这句话是站不住脚的，因为实际上来说，我们并没有找到能证明杰斐逊教的经文《××》里面说的东西都是真理的真实论据，说话者只是换了一下表达方式而已，这就是犯了循环论证的错误。

生活中，不少人在与人交谈时，都想证明自己的观点和想法是正确的，却找不到足以证明自己的理由，所以在说话时便义正词严、煞有介事地说“因为”“所以”，实际上就是用自己的观点再次证明自己的同一观点。从语法角度分析是没有错的，但在逻辑推理角度看，则无法成立。

此处，我们可以总结出，所谓循环论证，就是将自己的观点更换一下表达方式，以此来作为证明同一观点的理由。

无论在生活、工作还是作品中，这样的逻辑错误随处可见。比如，我们都知道，托马斯·阿奎那是欧洲中世纪的哲学家，一次，他说：“铁之所以能压延，是因为它有压延的本性。”我们将这句话压缩一下，能得出“铁能压延，是因为它能压延。”

这样看来，我们便觉得这句话十分可笑，因为阿奎那的这句话中，观点是论据，论据也是观点，如此循环，无法证实。而实际上，他的这段话，只有观点，没有实际论据。

再比如，两个人谈到安眠药，甲问："为什么吃安眠药可以入睡？"

乙回答："因为它本身就有催眠的力量。"

其实，我们都知道，"催眠"和"引人入睡"是同一个概念，只是用了不同的表达方式而已，这是常识。所以，乙的回答根本不是证明，而只是对甲的观点的重复，实际上什么也没有证明。

还有个案例，某法院接手了一起案件，案件涉及某人遗嘱的有效性。见证人自称其"见证了被继承人在代书遗嘱上盖了指印"，所以，法院判定该遗嘱有效。

然而这就等于说"因为代书遗嘱是有效的，所以，见证人见证了被继承人在代书遗嘱上盖了指印；同时，因为见证人见证了被继承人在代书遗嘱上盖了指印，所以代书遗嘱是有效的"。

这种谬误也是逻辑上的"循环论证"。如果律师能找到其中的错误，是很容易驳回判决的。

可以说，循环论证是一种逻辑智商破产的谬误，因为你把你的前提假设默认为真的，然后利用循环论证的方式来证明它。

其实，循环论证的逻辑错误很明显，只要我们运用充足理由律对其进行分析，就很容易揭露出它的无效。

当然，生活之中也会出现因为一时的疏忽而说错话的时候。此时，我们就要想着及时收回，多动一下脑子，努力自圆其说或者作及时的补救，把口误修补得天衣无缝，避免给别人带来心理上的伤害。

某市举行了一次全市规模的联考，其中一个班级的数学和英语成绩在全市名列前茅。庆功会上，校长这样评价说：“这次大家考得好，是因为大家发挥得不错。”

在座老师们听罢议论纷纷，认为校长的说法显然是欠妥的，“考得好，不就是发挥得好吗？”

校长意识到了自己说错了话，面对大家的议论，又不能用权势去压制，灵机一动，就“嘿嘿”地笑了起来，他说：“你看，我今天真是糊涂了，我的意思是，我们考试时一定要注意调节身心，不能紧张，才能发挥好自己的水平。”

在座的诸位老师听玩校长的话之后，马上就停止议论了，也佩服校长的机智。

校长在谈笑之间给了自己一个台阶，摆脱了说错话的尴尬。这种应变能力实在是强。

俗话说“祸从口出”，无论你的出身多么优越，经济实力多么强大，如果你在说话的时候不经过考虑，你就不会得到别人的认可和尊敬。一个说话不经过大脑的人，就会管不住自己的嘴巴，很容易就陷入循环论证的错误中，那么就无异于在自己的身上绑了一颗定时炸弹，给别人，更给自己带来无尽的灾难。因此，在人际交往中，一定要牢记，说话的不仅是嘴巴，

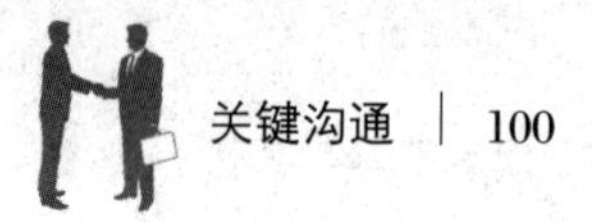

更重要的是脑子。

逻辑口才

在生活中，一些人在谈话时，先用某个理由来证明自己的观点，然后又以观点来证明理由，如此就陷入了一种周而复始的兜圈子之中，这是一种间接的循环论证。

两难逻辑，说话含糊不清

我们都知道，逻辑思维是确定的，而不是模棱两可的；前后一贯的，而不是自相矛盾的。然而，在推理中，人们常常出现两难逻辑的错误，也就是“模棱两可”，“模棱两可”就是同时肯定两个互相矛盾的判断，这是违反逻辑推理中的矛盾律的。

另外，在日常交往中，与人谈话往往是很愉快的事，但也有自己说的话被别人误解的时候。而主要原因也是因为他们犯了一个逻辑错误——两难逻辑，因为我们日常交谈的话语，有不少词语在不同的条件下使用，往往有不同的含义，有的甚至完全相反，它给我们带来不少麻烦，遇到这种言辞一定要慎重处理，切勿鲁莽行事。

所以，话一定要说得明确、具体，千万不要模棱两可，不要用那种话中有话的句子，以免引起误解。

古希腊有一个名叫欧提勒士的人，他向著名的辩者普罗达哥拉斯学法律。两人曾订有合同，其中约定在欧提勒士毕业时付一半学费给普罗达哥拉斯，另一半学费则等欧提勒士毕业后头一次打赢官司时付清。

但毕业后，欧提勒士并不执行律师职务，总不打官司。普罗达哥拉斯等得不耐烦了，于是向法庭状告欧提勒士，他提出了以下二难推理：如果欧提勒士这场官司胜诉，那么，按合同的约定，他应付给我另一半学费；如果欧提勒士这场官司败诉，那么按法庭的判决，他也应付给我另一半学费。他这场官司或者胜诉或者败诉，无论是哪一种情况他都应付给我另一半学费。

而欧提勒士则针对老师的理论提出一个完全相反的二难推理：如果我这场官司胜诉，那么，按法庭的判决，我不应付给普罗达哥拉斯另一半学费；如果我这场官司败诉，那么，按合同的约定，我也不应付给普罗达哥拉斯另一半学费。我这场官司或者胜诉或者败诉，都不应付给他另一半学费。

我们姑且不去探寻这一案件最后的结果。很明显，案例中的欧提勒士和普罗达哥拉斯，因为所站的角度不同，针对同一件事，进行了不同的逻辑推理，进而得出了不同的答案，其实这也是违反矛盾律的。

犯两难逻辑错误的案例还有很多，我们举出一部分：

①上帝的石头——上帝能造出一块他举不起来的石头吗？

如果他能造出这样的石头，说明他不是万能的，如果他造

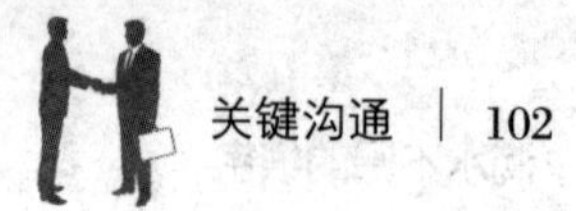

不出来也说明他不是万能的。

上帝是万能的，那么他能造出一块他举不起的石头，如果他造出了他举不起的石头，那么他就不是万能的。

②有这样一个故事：

父亲对他那喜欢到处游说的儿子说，“你不要到处游说。如果你说真话，那么富人恨你；如果你说假话，那么穷人恨你。既然游说只会招致大家恨你，你又何苦为之呢？”

③米诺和苏格拉底的故事：

米诺：“你在追求真理？”

苏格拉底：“对，我在追求真理。”

米诺：“那么，你知道什么是真理？”

苏格拉底：“不知道。”

米诺：“你既然不知道什么是真理，即使遇到了真理，你也无法辨别它是不是真理，如果你能够辨别出真理，那就说明你已经知道。”

④高尔基的小说《三人》中有这样一个片段：

“你出门时，是在这个杀人案子之前呢，还是之后呢？”警察故意漫不经心地问。

如果那人（杀人犯）回答：“之前”，说明他事先已经知道时间，必然是杀人犯；如果那人回答：“之后”，也说明他事先知道犯罪时间，都是自证其罪！

⑤美国发生过这样一个故事：

法官利用逻辑学（两难推理）让犯罪嫌疑人自证其罪的著

名例子：

“你还敢再打你的父亲吗？”

犯罪嫌疑人果然落入圈套，因为，无论回答yes还是no，都是证明自己以前确实打过父亲！

在中国的某个法庭上，也审理过一起“家庭暴力案件”。

女方告男方有家庭暴力，多次殴打她；男方死不承认，女方又没有受伤的证据。法官就问：

“过去的事情就算啦！我只问你（男方），你还敢再打你的老婆吗？”

犯罪嫌疑人很可能希望就此结束，回答：“我以后再也不打老婆了！”

这不是“自证罪行”吗？这就是“两难推理”！

很明显，以上案例中，说话者都陷入了两难逻辑中，但这也不失为一种语言策略，虽然我们在说话时要尽量避免模棱两可的错误，但是某些特定场合，我们可以使用这一方法应付无法回答的问题。

1988年，第二十四届奥运会在韩国首都举行。第二次参加奥运会的中国代表团备受世界各国媒体的关注。当中国奥运会代表来到韩国的时候，记者纷纷问中国代表团团长李梦华：“这次奥运会中国能拿几枚金牌？在这次比赛中，中国的奖牌总数能超过韩国吗？”

李梦华回答说：“等10月2日之后，你们就什么都知道了。”

记者们还是不死心，继续追问说：“中国的新华社曾经预测说这次奥运会你们能够拿到8到11枚金牌，您认为是这样的吗？”

李梦华又一次作了巧妙的回答：“中国有充分的言论自由，记者怎么想，就可以怎么写！”

故事中的李梦华使用的是搪塞法，顾名思义，就是在回答别人问题的时候选择一些模棱两可的语言，挑选一些没有任何实际价值的信息去应付一下。可见，避开实质性的问题，故意用模棱两可的语言作出具有弹性回答，既无懈可击，又达到了在重要问题上拒绝作出答复的目的，这种方式比直接说“不”，会显得更有智慧，更有风度。

逻辑口才

从逻辑推理的角度看，两难逻辑违反了逻辑学中的矛盾律，是模棱两可的，但是在具体的谈话中，我们可以适当使用这一语言策略，以此达到我们沟通的目的。

逻辑定律，心理博弈的力量

生活中，我们常听到“逻辑定律”一词，这是人们在逻辑推理中总结出来的一些定律，主要是运用于人的思维逻辑，后来，人们还将其运用到了人际沟通中，当然，逻辑定律常常同时具有积极和消极两个方面的意义。因此，我们应该正确地认识、掌握并利用这些逻辑定律，只要你能巧妙地将这些逻辑定律运用到说话中，你就能聚拢人心、化解冲突，从而让你的个人魅力与影响力得到最好的发挥。

乒乓球定律，快速建立良好的沟通氛围

生活中，我们经常提到沟通一词，所谓沟通，指的是人与人之间、人与群体之间思想与感情的传递和反馈的过程，以求思想达成一致和感情的通畅。从沟通的定义中，我们也看到，沟通一定要是双向的，这就好比两个人在打乒乓球一样，你在把球打出去的同时还能让对方打回来，这样一来一往，才能够算得上是真正成功的交流。

这就是口才逻辑定律中的乒乓球定律。乒乓球定律告诉我们，沟通是双向的，我们在与人谈话中，要想获得好的沟通效果，就要营造好的沟通氛围。

我们先来看看下面这个故事：

有这样一个小男孩，他的工作就是替人割草。一天，他叫来他的朋友，并给了这位朋友5美元，希望他能打电话给一位老太太。

电话拨通后，男孩的朋友开始按照男孩事先吩咐的顺序问："请问您需不需要割草？"

老太太回答说："谢谢，不需要，我已经有了割草工。"

"可是，我会帮您额外拔除那些杂草。"

"我的割草工已经做了。"

此时，男孩的朋友还是继续说："我会帮您把草与走道的四周割齐。"

老太太回答："我请的那个割草工也已经做了，他做得很好。谢谢你，我真的不需要新的割草工。"

当听到老太太这样回答后，男孩便暗示朋友可以挂电话了。此时，这位朋友很不解地问男孩："我不明白的是，你明明就是老太太的割草工人，为什么还要打这个电话？"

割草男孩说："我只是想知道老太太对我工作的评价。"

这个故事的寓意是：沟通是必要的，我们只有打开双方的话匣子，勤与客户、同事或上级领导沟通，我们才有可能知道自己的长处与短处，才能够了解自己的处境。

事实上，真正有效的沟通一定是有互动的。然而，与人交往的过程中，总是有些人似乎并不领我们的情，无论我们怎么鼓励，他们似乎都羞于表达，甚至面无表情，在他们的语言词典里，似乎就只有"是"与"不是"，或者"行"与"不行"，让人觉得无法与其攀谈，让交际场合显得尴尬。其实，只要我们懂得了说话的技巧，就能够在无形之中慢慢增添几分说话的自信心，找到打开话匣子的钥匙，从而赢得别人的尊重与友谊。

为此，我们可以从以下几个方面努力：

（1）摆脱陌生人情结

如果对方不爱说话，且是陌生人，那么，你不需要特意装模作样，不过也要表现出你的诚意。其实每个人跟陌生人交谈时内心都会不安，一定要自己先放下陌生人情结。这样，与之交谈的时候，才会显得随意轻松，在谈话时要关注对方的表现，如果对方不感兴趣，就得停住你谈的话题了。

（2）拉近关系，更易打开话匣

1984年5月，美国总统里根访华时来到上海复旦大学。

当时，里根总统和一百多位学生坐在一间大教室里，气氛有些凝重。为此，里根总统开了个玩笑："其实，同学，我们还有着很密切的关系呢，以前，我的夫人南希和你们的谢希德校长都是美国史密斯学院的学生，那这样推断，我们也算很好的朋友嘛！"说完这段话，大家给了他热烈的掌声，他成功拉近了与一百多位异国学生的心理距离，接下来的谈话更是轻松、融洽。

从里根总统的这番话中，我们看到了他平易近人的个性，表达出了想与学生们亲近的愿望，于是，这一番话很快便营造出了和谐的交谈氛围。其实，人与人之间，都有个从不识到相识的过程，只要我们有交往的愿望并主动表达出来，那么，我们就可以换来对方的亲近。

因此，我们与人交流前，不妨也学一学里根总统的这种套关系的技巧，拉近彼此间的关系，交流起来就会顺利得多。这里"套"的"关系"，可以是朋友、可以是同学，可以是共同参加过某个会议，可能都曾去过某个地方……总之，只要是可能拉近与对方关系的内容都可以。但是，我们还需要注意的是，千万不能提及对方不想提及的内容或者是对方不感兴趣的话题。

（3）重视对方说的每一句话

那些说话妄自尊大、小看别人的人总会引起别人的反感，最终在交往中使自己走到孤立无援的地步。与人沟通，目的在于交流意见、达成共识，只有重视对方说的每一句话，才能同样赢得尊重。

（4）懂得倾听，并适时反馈

沟通的过程，并不完全是说的过程。我们有说的权利，但每个人都希望被倾听，这是一种自我价值的认定，而我们的反馈则是倾听的最好证明。因此，只有满足对方说的欲望，才会让人对你产生亲近的愿望。

总之，沟通中，如果我们营造氛围，鼓励对方多说话，就能让他感觉舒适，他会与你更亲近。

逻辑口才

与人沟通的过程中，让对方多说话，是营造沟通氛围的重要方式，并不会让我们丧失交流的机会，反而会有助于你达到沟通目的。

比林定律，别不好意思回绝对方

美国幽默作家比林曾说过：“一生中的麻烦有一半是由于太快说‘是’，太慢说‘不’造成的。”这就是著名的比林定律。这一定律告诉生活中的每个人，在与人沟通中，要懂得拒绝别人，一旦因为碍于情面而答应他人，很容易让自己陷入被动的境地。

实际上，学会拒绝是人们进行社会交往所必需的技能。世界著名影星索菲娅·罗兰在她的《生活与爱情》一书中，曾记下查理·卓别林与她最后一次见面时，赠送给她的一句忠告，“你必须学会说‘不’。索菲娅，你不会说‘不’，这是个严重的缺陷。我也很难说出口。但我一旦学会说‘不’，生活就变得好过多了。”要想在社交活动中取得成功，学会拒绝是必不可少的。

在别人寻求帮助的时候，热心肠的我们总会在力所能及的范围内给予尽量的帮助。但是，每个人总会有能力达不到的地方，面对别人的求助我们在很多情况下都会无能为力，那么在这个时候就要耐心地向求助者进行详细的解释，让对方明白我们并不是不愿意帮忙，而实在是因为心有余而力不足才拒绝的。当对方了解了我们拒绝的原因之后，就不会产生误解，也会被我们的诚意所感动。这样，就会留有继续交往的余地，双方的友谊才可能继续维持下去。如果在拒绝别人的时候只是简单地说“不行”“不可以”之类的话，恐怕就会让求助者觉得

你是一个冷血动物，如果对方是一个急性子的人，说不定还会当众给你难堪，让你下不了台。

李林在大学毕业后留在了城里，经过十几年的打拼终于有了自己的房子，于是他就把父母接到家里。一个农村娃在城里能够买一套房子，在乡下的邻居们看来就是成功的象征。李林很多乡下的朋友来城里的时候经常托李林帮忙，在力所能及的范围内，李林总是尽心尽力地去帮助他们。

有一天，他的两个打工的老乡来到了他的家里，诉说了打工的艰难。在谈话中，两位老乡一再说城里的旅馆太贵，想租房子一时半会儿又找不到合适的，言外之意是想在李林的家里住上一段时间。

李林听完之后马上说："是啊，城里毕竟和咱们老家不一样，房子一直比较紧张。就拿我来说吧，拼死拼活十几年才有了这么两间小房子，一家老小挤在一起实在是太紧巴了，我的儿子正在上高三，晚上回来只能睡沙发，连复习功课的地方都没有。你们大老远从老家赶来，按理说应该留你们住几天的，但是就这么大点的地方实在是做不到呀！"两位老乡听后，明白了李林的难处，就非常知趣地告辞了。

对于老乡借宿的要求，李林明确地表示了拒绝，用比较委婉的方式向他们讲出了自己的困境，表示并不是不愿意帮助他们，而是家里空间有限，没有办法让他们住下来，两位老乡听完之后，就理解了他的难处，也就不好意思再提出留宿的要求了。

当然，拒绝也是要讲究艺术的，告诉对方拒绝的理由时，不能用一种不耐烦或者是找借口的方式去推托或者敷衍，那样的方式会让对方觉得你为人不够真诚，缺乏热心；当然也不能用模棱两可的话来回答别人，如说些“我想想办法”“试试看吧”之类的话，那样的话很可能会让别人觉得你已经答应了下来。在提出拒绝的理由的时候，我们要注意以下几点：

（1）明确及时地讲出你的理由

拒绝他人的帮助并不是什么见不得人的事情，实在无法答应别人的要求时，一定要用比较明确的语气来告诉他：“实在对不起，在这件事情上我实在是帮不了您的忙，您还是想一下别的办法吧。”一般来说，当别人了解到你的困难之后，就不会再做乞求之类的无用功。这样，就为对方寻找其他的方法提供了时间，同时也不会给自己带来烦恼。

如果拒绝对方的时候含糊其词，对方就无法明白你的真实意思，还会对你抱有希望，把你当成救命的稻草，从而在以后继续向你求助，搞得你左右为难。这样做，既耽误了别人的时间，同时也给自己带来麻烦。

（2）委婉地讲出理由，明确地表示拒绝

我们明确地讲出理由，拒绝对方，并不是说要用比较严肃呆板的话来对待别人，如果用一些颇具杀伤力的语言来拒绝对方的话，就会激怒别人。一般情况下，在一个人表示求助的时候，他的心里总是很敏感的，如果从比较委婉的话里听出拒绝的意思，那么他就会很识趣地离开，不再去打扰你。在我们委

婉地提出个人的理由时，一定要注意，委婉并不是模糊，千万不能给对方留下一丝希望的余地。只有这样，才不会给双方带来伤害。

（3）态度一定要真诚

在拒绝别人求助的时候，一定要注意态度的真诚。当你向对方陈述个人理由的时候，失去了真诚的态度，就会让对方觉得你对他是不屑一顾的，所有的理由不过是借口罢了。只有坦诚相告，才会让对方将心比心，设身处地地去考虑你的难处。

逻辑口才

帮助朋友解决问题是我们理所应当的责任，而在沟通中，对朋友的请求我们爱莫能助的时候，就要做到毫不犹豫地拒绝。

波什定律，有理有据的赞美之语

我们都知道，语言是人类不可缺少的交流工具，人类的语言从最初的结绳记事发展到现在可以任意抒发自己的情感，记录一切想记录的事情，这是多么伟大的进步，而赞美就是将人类语言运用到极致的艺术之一，如果一个人只是告诉他人："你很漂亮。"那么，对方只会感到莫名其妙，而如果你这样说："你的眼睛很动人。"或者："你有一头乌黑的长发。"

很明显，这样的赞美更贴切、具体。

赞美要具体，要道出客观事实，这就是逻辑口才定律中的波什定律。曾任卡内基钢铁公司董事长的查尔斯·施瓦普就说过：“我很幸运具有一种唤起人们热忱的唯一有效方法，就是赞美和奖励。但不要刻意奉承别人，那样反而容易弄巧成拙，招致对方反感。每一句赞美之词，都要发自内心，道出客观事实。”

所以，我们在赞美他人的时候，切记不可泛泛之谈，而应该具体、有事实依据。我们先来看看下面的故事：

宋徽宗写得一手好字，他常问大臣：“我的字怎样？”大臣们也纷纷奉承道：“您的字好，天下第一。”

一天，宋徽宗问米芾：“米爱卿，依你看，咱俩的字相比，如何？”米芾是书法大家，书法当然胜过宋徽宗，倘若说皇帝第一，则必然要委屈自己；倘若夸耀自己第一，则必然得罪皇帝，这还真是个难题。但聪明的米芾灵机一动，说：“臣以为在皇帝中，您的字天下第一；在大臣中，臣的字天下第一。”宋徽宗听后心领神会，打心底佩服米芾的机智。

米芾在宋徽宗的为难下毫无惧色，只是给“天下第一”前面加上个限制，就轻松地把问题化解了。可见，要赞美他人，并不是说在遣词造句上一定要用华丽的辞藻，简单平实的语言加上不卑不亢的内涵也能够变得美好，关键还是要看你如何巧妙地运用它。

在我们的生活中，有不少人也尝试用好话赞美别人，并

希望可以因此而得到别人的认同，拉近彼此间的关系，但常常在表达赞美之情时，语言空洞、乏味、无趣，让人听后昏昏欲睡，甚至心生反感。

那么，我们该怎样避免泛泛而谈的赞美呢？

（1）赞美的话要建立在了解对方的基础上

赞美别人的前提是要多了解别人，这样你才能将赞美的话说到点子上。例如，你才与对方结识，并不知道对方的情况，就对对方说：“一看你，就知道最近发财了。”而实际上，对方的生意做得一直很糟糕，那么，你的赞美自然会被当成耳边风。

（2）赞美别人要拿捏心情

当一个人伤心难过的时候，你的赞美无疑让对方觉得你在看笑话。比如，有人考试没通过，你却赞美他学习刻苦用功，这不就是在嘲笑对方瞎用功吗？在赞美别人的时候，一定要从对方的语气、神情上判断出对方的心情是否愉悦。

（3）赞美别人要实事求是

听到别人赞美的时候，如果与自己的实际情况相符，听者就会很开心。相反，如果赞美与自己的实际情况不符，听者就会觉得别人在笑话自己没本事。比如，一个人乒乓球打得好，你在赞美时，说连国家队的主力队员都不是他的对手，对方就会觉得你是笑话他水平差了。

（4）善于发掘对方“不可见人”的优点

每个人都有优点和美，只是缺少发现的眼睛，在平时的工作中，我们要让自己做一个有心人，就对方一些“不为人知”的优点进行赞美，如此肯定能感动对方。

（5）小处着眼

这就要求我们从细微之处下功夫，不要忽略你所发现的对方身上每一件值得赞美的事。比如，你在赞美一个女孩，与其说她的笑容很灿烂，不如说她笑起来酒窝很迷人。

（6）言辞表达一定要恳切一些

要想表达真诚，最主要的还是在言辞上要诚恳一些、热烈一些。用你内心迸发的热情来感染对方的情绪。比如，在赞美别人的优秀表现时，你要说：“你真是太棒了！”在“太”上还要加重语气语调，让你浓浓的敬佩之情，通过你热烈的表达传递到对方的心里。

另外，我们需要明白，在交流时，别人会通过你的眼神来甄别真伪。不要逃避和他人眼神碰触，也不要放任眼神四处游走，更不要望着天花板和地，人在说谎的时候，眼神都有这些反应。这样，别人会感受到你的真诚。

逻辑口才

生活中，我们在赞美他人的时候，一定要避免无事实根据的泛泛之谈，要尽量表达得真诚一些，这样会为你赢得好感。

近因效应，给对方留下好印象

生活中，我们常听到人们这样评价别人：“第一眼见他，觉得他蛮不错，谁知道接触下来才发现……”“我还以为他是个木讷的人，其实他和熟悉的人交往的时候还是蛮活泼的。”人们的评价为什么会前后不一？这是因为“近因效应”的作用。而何谓“近因效应”呢？

可能对绝大多数人来说，对“第一印象效应”很熟悉，而对“近因效应”这个词都显得陌生。其实，这个词理解起来并不难。我们明白，不管什么事情，都有着不同的阶段：初段—发生，中段—发展，最后—结尾。

“近因效应”是指交往中最后一次见面或最后一瞬给人留下的印象，这个印象在对方的脑海中也会存留很长时间，不但鲜明，且能左右整体印象。

相信我们都听过首因效应，它又叫“最初效应”，也即日常所说的“第一印象”。我们可能都有过这样的经历，当认识新朋友，或是面对迎面走来的陌生人时，我们常常会不自觉地立即在心里作出一个喜不喜欢这个人或对他有没有好感的判断，这个判断直接影响你对这个人的看法和以后你们的交往。第一印象的好坏固然很重要，但随着交往的深入，人们会对我们有更多、更全面的了解，但前提是我们要明白如何让对方将不快改为好印象。这其中就涉及一个“近因效应”。

然而，在现实生活中，人们在社会交际的时候，往往忽视了近因效应，导致了人际交往虎头蛇尾，给别人的最终印象很差，这样的事例数见不鲜。

小李是某大型公司的一位年轻主管，他负责某类产品的配件加工业务，基于他总是努力工作，公司领导很信任他。一次，公司派他做代表前往某大公司洽谈一笔大的外包业务。对公司而言，该业务很重要。因为大企业的外包业务量大且稳定，也就是说，如果能拿下这笔业务，公司可以获得一笔很大很稳定的现金流。

为此，小李投入了大量的时间与精力用于前期准备。也许是准备工作做得很周到，双方刚刚接触，对方就表示了明显的好感。有了好的开头，洽谈工作进展也很顺利，最后一天，还留有一些细节问题需要进一步协商。结果，仅用了半天时间，便协商好了。

对方要求再给几天时间，以向上级汇报，再作最后决定。

小李满口答应了，他本以为这件事可以敲定。且料，两三天过去了，一周过去了，对方还没有动静。他实在忍不住，打电话询问对方的一名代表，对方代表告诉他，事情可能有变故。他请求对方解释一下原因，对方拒绝了。可他不甘心，当他第三次打电话过去，对方告诉他，问题出在最后那天他穿的那件西装上。

原来，他那天穿的西服的袖口少了一颗纽扣。要知道，对方外包的可不是别的，而是精密仪器的零配件！

也许，最后一天洽谈，他太过兴奋而忘了仔细检查自己

的衣着；也许是潜意识里，他认为大局已定，不需要再小心翼翼。

总之，最后一天，一个小小的疏忽让他失去了一大笔订单。

人们总是说“良好的开始是成功的一半”，可是小李败在了虎头蛇尾上。这告诉我们，“好头不如好尾”。与人打交道，我们不仅要在最初表现很好，最后阶段也要表现好，分手时更要特别注意，做到有始有终。

这也告诉我们，如果给对方的第一印象不够好，或者在双方的交往中曾遇到了不快，更应该巧妙地运用“近因效应”，在最后时刻，挽回局面，达成谅解，给对方留下好印象。

那么，具体来说，根据近因效应，我们该如何让对方消除对我们的不良印象呢？

（1）尝试沟通

即使你带给别人的第一印象不好，也不要忧心忡忡，只要你能尝试多沟通，不动声色地表现自己良好的一面，就能让他人对你产生进一步的了解，就能化解误会，重新建立别人对你的好印象。

（2）注重后期维护

在沟通后，我们更要注重持续的维护工作。绝对不能让人觉得你的热情只有三分钟热度。人们往往更记得和更喜欢经常保持联系、维持关系的人。因此，不妨平时打个电话，偶尔送个小礼物，有时间互相走动一下。由于是一直处在交往的状态，在有需要帮助的时候提出请求就不显得突兀了。反而那些刚认识的时候很热情，事后长时间不联系，有需要帮助的时候突然又找上来的人，会让人们觉得自己像是被利用了。每个人难免产生抵触心理：我不是你招之即来挥之即去的人。会经营人际关系的人，一定会注重平时关系的维护。

第一印象固然重要，但随着交往的深入，印象会逐渐发生改变，一连串事件的不同阶段，被接受的印象很有差异，只有最初和最后印象深刻。因此，如果你在与人初会的过程中犯下了某种错误，或是表现平平的话，可以在分手之前作一个良好的表现，以改变对方此前对你的印象。

逻辑口才

与人打交道的过程中，如果给对方的第一印象不够好，或者在双方的交往中曾遇到了不快，我们应该巧妙地运用“近因效应”，在最后时刻挽回局面，达成谅解，给对方留下好印象。

登门槛效应，巧用步步为营的说服策略

一般情况下，人们都不愿接受较高、较难的要求，因为它费时费力又难以成功，相反，人们往往乐于接受较小的、较易完成的要求，在实现了较小的要求后，人们才慢慢地接受较大的要求，这就是“登门槛效应”对人的影响。

“登门槛效应”，又称“得寸进尺效应”，是指一个人一旦接受了他人的一个微不足道的要求，为了避免认知上的不协调，想给他人以前后一致的印象，就有可能接受更大的要求。这种现象犹如登门槛，要一级台阶一级台阶地登，这样能更容易、更顺利地登上高处。

心理学家D.H.查尔迪尼做了这样一个实验：他代替某个慈善机构进行了一次募捐活动。在募捐时，对一些人说了这样一句话：“哪怕一分钱也好。”而对另外一些人则没有说这句话。结果，前者的募捐比后者要多两倍。

这就是说，向人们提出一个微不足道的小要求时，人们很难拒绝，否则就太不通人情了（先进门槛再逐步登高，得寸就步步进尺）。为了留下前后一致的印象，人们就容易接受更高的要求。

一次，一个旅游团不经意地走进了一家糖果店。他们在参观一番后，并没有购买糖果的打算。临走的时候，服务员将一盘精美的糖果捧到了他们面前，并且柔声慢语：“这是我们店刚进的新品种，清香可口，甜而不腻，请您随便品尝，千万不要客气。”如此盛情难却，恭敬不如从命。旅游团成员觉得既然免费尝到了甜头，不买点什么，确实有点过意不去，于是每人买了一大包，在服务员“欢迎再来”的送别声中离去。

根据“登门槛效应”，在人际交往中，当我们要求某人做某件较大的事情又担心他不愿意做时，可以先向他提出做一件类似的、较小的事情。当他接受了我们这一小要求时，我们就有可能让他答应更大的请求，也就是想“进尺”，不妨先“得寸”。

在生活中，这样的例子非常地多。

比如，男性追求女性，直截了当地求爱，可能会吓跑女方，但如果从朋友做起，则更易达成目标。

再比如，有个小孩在做功课，半小时能完成的作业，拖延到两个小时。父母想办法帮助孩子克服这个毛病。他们先让孩子整理干净桌面，拿掉不相关的东西，争取在1个半小时内完成功课，这是比较容易做到的，接着他们和孩子商量，做作业当中不能玩橡皮，在1小时之内完成作业。待孩子做到这点以后，他们提出半个小时之内完成作业的要求。可见，在劝说别人的时候，不妨利用“登门槛效应”，一步一步提出要求，让对方心服口服。

但我们在运用“登门槛效应”时，还应注意几点：

（1）“门槛”不能太高，否则无法“得寸”

一般情况下，人们不会拒绝那些举手之劳的事。因此，我们在提出正式要求之前，要作充分的准备，将对方的实力调查清楚，否则，可能你所谓的小要求，对于对方来说，都很难达成。

比如，你是个管理者，你高估了某位下属的能力，你交给他一件你认为的小事，他也没有办好，这主要是因为你没有事先了解清楚。相反，当你了解他的做事习惯、办事能力后，你不妨先提出一个只要比过去稍有进步的小要求，当他达到这个要求后，再通过鼓励，逐步向其提出更高的要求，这样他容易

接受，预期目标也容易实现。

（2）注意“进尺”的尺度

比如，生活中，我们经常会将那些进门之后直接向我们推销产品的推销员拒之于千里之外，就是这个道理。当销售员从我们这里获得特许，“登门槛”也“得寸”后，便得意忘形，将销售议程提上案，事实上，此时我们的内心世界还并没有消除对销售员的戒备状态，可想而知，我们是不会买他的账的。

说服他人也是如此，我们想要达到交谈目的，也不能急功近利，否则，只会事倍功半。

（3）确定对方是否能接受你“得寸”，从而让你“进尺”

生活中，一般人都能接受“登门槛效应”，人们都希望在别人面前保持一个比较一致的形象，不希望别人把自己看作“喜怒无常”的人。因而，在接受别人的要求、对别人提供帮助之后，再拒绝别人就变得更加困难了。如果这种要求给自己造成损失并不大的话，人们往往会有一种“反正都已经帮了，再帮一次又何妨”的心理。于是，登门槛效应就发生作用了。

但事实上，也有一部分人，登门槛效应在他们身上根本起不了作用，对于这一类人，我们应该做的是“另寻出路”。

逻辑口才

“登门槛效应”，是一种说服他人的迂回措施，当“引诱”对方先同意我们的小要求后，对方答应我们的大要求的成功性也就更大！

逻辑原则，清晰表达更流畅

古语说：“美玉藏于深山，人不知其美，黄金埋于地下，人不知其贵。”一个优秀的人，必当也是口才上的高手，如果不善于言辞，就会失去表现自己的机会，在交际场合中也不会受到别人的重视。一个沉默寡言的人即使满腹经纶、才高八斗，也会被别人淡忘。要修炼好的口才，就要掌握最基本的说话原则。要知道，得体的谈吐不仅能够正确地表达信息，还能传递出一种吸引力、感染力，深深地吸引着身边的每一个人。

一语中的，把话说到关键处

生活中，我们常提及口才一词，然而，一个人舌绽莲花的口才，并不是体现在表达内容上，而是表现为论战之中抓住对方致命的缺陷之处，予以狠狠地打击。在劝说别人的时候能够抓住事情的要害，就能够取得事半功倍的效果，从而既能达到你想要说的目的，又避免了白费口舌的结局。

然而，不少人说话都有一个明显的弊病，那就是非常啰嗦，他们把一些极为简单的问题复杂化。本来三言两语就能说清楚的问题，非要重复无数遍，结果越说越离谱，自己也搞不懂在说什么。

所以，我们在说话的时候，一定要把话说到点子上。有话则说，长话短说，无话不说，这样才更准确传达你的思想。

周勃是汉朝的开国元勋，他在汉朝的建立中立下了汗马功劳，后来又在吕后死后铲除了吕氏的势力，迎立还是代王的汉文帝来到长安，维护了汉朝江山社稷的稳定。汉文帝登基之后，周勃因为年老体衰，就辞去了丞相的职务，回到自己的封地颐养天年。但是，朝廷中有一些小人对他怀恨在心，就趁机向汉文帝诬告周勃图谋造反。经过那帮小人的煽风点火，汉文帝竟然相信了他们的话，下令将周勃抓起来，准备经过审讯之

后就将他正法。在汉朝，图谋造反是十恶不赦的大罪，按律应该诛灭九族。朝中很多正直的官员觉得周勃很冤枉，就纷纷上书为他鸣不平。但是，汉文帝丝毫不为之所动，坚持要以谋反的罪名杀掉周勃。正在周勃将要人头落地的时候，汉文帝的母亲薄太后站了出来，她对汉文帝说："朝中的人都反了，周勃也不会造反。当年铲除诸吕势力之后，周勃大权在握，皇帝的玉玺也在他的手上，如果他想做皇帝的话，当时就做了。但是，他对汉室忠心耿耿，没有一点非分之想，将你从遥远的代国接来，让你登上了皇帝的宝座，掌管了汉朝的天下。当时先帝的儿子还有好几个，而他却偏偏选中了你，可以看出他对你是多么地看重。现在，他辞去了丞相的位子回到了自己的封地做了田舍翁，别说他有这个心，即使想这样做也没有实力了呀！他怎么会在这个时候想起来谋反呢？"

汉文帝听薄太后这么一说，觉得十分在理，于是就消除了内心的顾虑，下令立即赦免周勃。

薄太后的话不多，却切中了要害，让汉文帝明白了周勃的忠心，了解了他的冤情。不妨设想一下，假如薄太后只是一味地哭泣请求，说话抓不住重点，无法说明事实真相的话，恐怕周勃就无法逃脱灭顶之灾了。

说话要尽量做到有的放矢，切中要害。如果不懂得思考和观察，抓不住重点地乱说一气，恐怕说得再多也是徒劳。那些空洞无味、言之无物的谈吐，有百害而无一利，只会让人感到头痛，根本起不了任何的作用。

（1）观点鲜明

说话观点鲜明，显示着我们对一种理性认识的肯定，显示着我们对客观事物见解的透辟程度，能给人以可信性和可靠感。说话观点不鲜明，就缺乏说服力，就失去了谈话的作用。

（2）语言有力度

我们讲话应该注重语言的简练，太过烦琐的语言会让你所表达的意思不够准确，也会占用对方更多的时间，结果就是既没有讲明白你的意思，下面的人也是有苦说不出，强忍着听下去。简洁的几句话显得更有力度，也更容易被对方所接受。

（3）把话说到点子上

相传，墨子的学生曾经问墨子："话是说得多好，还是说得少好？"墨子说："你看田里的青蛙，整天叫个不停，却没有人理会它，而公鸡每天只在天快要亮的时候，才叫一两下，人们都很注意它。可见，话不在说得多而在说得有用。"

总之，我们陈述观点、传递信息的时候，要让所说的话有力度，能够让人听得进去，这才是好的说话方式。我们讲话一定要做到一针见血、言简意赅，这样才能让对方明白你到底说的是什么。

逻辑口才

说话的目的是表达自己的意见，完成交流的任务。要想与别人做到畅通无阻地交流，需要的不是唾沫乱飞毫无重点地乱说一气，而是应该掌握问题的关键，把话说到点子上。只有抓住要害，有的放矢，才有可能让别人接受我们的意见和建议。

语言表达通俗易懂

在生活中，你仔细观察就会发现，有的人说话言简意赅，句句说到点子上，能击中问题的要害，很快营造了强大的气场，控制了别人的思想。而有的人尽管表达了很多，但是让人听着云里雾里，根本没有涉及核心问题，乃至被人轻视和不重视。事实上，不是他们的态度上有差异，而是因为他们表达的能力不一样。会表达的人往往能做到语言凝练、字字珠玑、绝不啰唆。所以，我们说话一定要让他人听明白。

1863年7月1日，对于美国人民来说是个非常有意义的日子，因为这天在美国发生了一件惊天动地的事——美国南北战争中的重要战斗在华盛顿附近的葛底斯堡打响了。三天激战后，北方大获全胜。

战后，美国的宾西法尼亚等几个州商讨决定把战争中逝去的烈士合葬在国家烈士公墓。

公墓在1863年11月19日举行落成典礼，美国总统林肯埋所应当地被邀请前去。除了林肯之外，演讲者还有美国的前国务卿埃弗雷特，而林肯只是因为总统的身份，才被安排在埃弗雷特之后讲几句形式上的话。这种情况下，林肯非常清楚自己的处境，在他前面是在美国历史上最有演说能力的人。而林肯如果说不好的话，无疑会被在场的人笑话，会使得自己总统的颜面尽失。

在典礼上，埃弗雷特那长达两个小时的演讲，洋洋洒洒，确实非常精彩，也获得了听众的掌声。令人意想不到的是，林肯的演说虽然只有十分钟，但就是这十分钟的演讲，不仅赢得了当时在场的一万多名听众的热烈欢迎，而且在全国引起了轰动。

当时有报纸评论说："这篇短小精悍的演说简直就是无价之宝，感情深厚，思想集中，措辞精练，字字句句都很朴实、优雅，行文毫无瑕疵，完全出乎人们的意料。"就连埃弗雷特本人第二天也写信给林肯："我用了两个小时总算接触到了你所阐明的那个中心思想，而你只用了十分钟就说得明明白白。"林肯这次出色演讲的手稿被收藏到了图书馆，演讲词被铸成金文，存入了牛津大学，作为英语演讲的最高典范。

林肯在这次演讲中靠什么取胜？那就是简洁的演讲，他那简短有力的演讲比长达两个小时的精彩演讲更深入人心。很多时候，言简意赅的讲话比那些长篇大论更容易被人们所接受，所谓"浓缩的就是精华"，因为简洁，所以它所阐明的思想会更有深度；因为简洁，它所表达的意思更加清晰；因为简洁，它所彰显的内容会更有力度。

我们说话要想清晰、明白，要注意以下几点要求：

（1）了解你要表达的中心、重心、要点

任何问题都有中心和重点，找到了这个中心和重点之后，说话的时候才能有的放矢，才能知道什么话该说，什么话不该说。所以，迅速找准谈论的中心是言简意赅的前提和基础。否

则，眉毛胡子一把抓，只能惹人厌烦。

（2）懂得表达，语言表达清晰、稳重、不啰唆

说话时，语言表达的轻重缓急也是很有讲究的，该让对方听清的地方就要缓一些，不重要的信息就可以一句带过。如果张口结舌或连珠炮似的大讲一通，对方就会感到一种急迫感，从而心生不信任。

（3）简明扼要地表达脱稿讲话的重点

要想使说话不啰唆，其实只需拣重点说就行，其他次要的内容，要么不提，要么一言以蔽之，只有这样才能保证你的讲演在最短的时间之内收到最好的效果，否则，即使你滔滔不绝地谈论半天，听者也不知你发言的目的。

比如，如果你讲话的目的是让对方去做什么，那么，你要简明扼要地告诉对方，你希望他们去做什么。所以，你也要先问自己，现在对方已经作好各种准备去行动了，那么，你是不是能确切地告诉他们该做什么。确定你说话的重点，精简文字，就像打电报一样，绝不啰唆，还要清楚、明白。

逻辑口才

就如同文章标题会很突出一样，我们说话的目的和重点也应该直接强调出来，说话不要含糊其词、模棱两可，给他人造成听不明白的困扰。

言语委婉，曲径通幽

在我们生活的社会中，总会遇到一些不平之事，而我们却无法直言不讳；总会遇到一些贪婪无耻之人，而我们又不可大胆批评；总会有一些我们左右为难的时候，让我们心中的话说也不是，不说也不是，该怎么办呢？此时最好在不会给自己带来麻烦、也不会伤害别人的前提下，采用隐晦、含蓄的语言给别人提个醒，表达出自己的不满和意见，这是非常好用而又富有智慧的说话方式。

其实，自古以来，中国人最欣赏和提倡的说话方式是委婉含蓄的。因为委婉含蓄既能表达出自己的意志，又能照顾听者的心情，做到点到为止的哲学范畴，达到曲径通幽的艺术效果。言者和听者的心情都是愉悦的，哪怕是无法达成相同的观点也不会丢了双方的面子，避免了争吵和反目成仇，有效地遏制了矛盾的扩大化，往往能取得不可言传但能意会的效果。

雷特是美国《纽约日报》的总编辑，他身边缺少一位精明干练的助理，于是他把目光瞄向了年轻人约翰。他需要约翰帮助自己成名，帮助格里莱成为这家大报的成功出版家。而约翰当时刚从西班牙卸除外交官职，正打算回到家乡伊利诺州从事律师业。

雷特抓住了这个机会，请他到联盟俱乐部吃饭。饭后，他建议约翰到报社去玩玩，从许多电讯中间，雷特找到了一条重要消息。那时恰巧刚刚开始编辑国外新闻，于是他对约翰说：

“请坐下来，为明天的报纸写一段关于这消息的社论吧。”约翰自然无法拒绝，于是提起笔来就做。社论写得很棒，雷特看后很赞赏，于是又请他再帮忙顶缺一星期、一个月，渐渐地，干脆让他担任这一职务。约翰就这样在不知不觉中就放弃了回家乡做律师的打算，而留在纽约做了新闻记者。

约翰本身可能并没有想要从事新闻工作，他原本打算回家乡从事律师职业。雷特巧妙地抓住了机会，先是婉求“写一篇关于这个消息的社论”，之后又“请他帮忙顶缺一个星期”，接着是一个月，时间长了，约翰已经习惯了这份工作，放弃了自己之前的打算。在这整个过程中，约翰的工作“被人请求”而产生的行为转变为自觉自愿的行为，无疑，其中获利最大的人应该是雷特。由此可见，求人办事，央求不如婉求。

但是我们在运用委婉含蓄讲话风格的时候应该注意讲究技术的有效性，不能词不达意，让听者产生误解，要做到近似透明的若隐若现，正确地引导听者了解自己的意图，作出正确而又有价值的判断和有效的反应。

在美国经济大萧条时期，17岁的莉莎好不容易找到一份在高级珠宝店当售货员的工作。在圣诞节的前一天，店里来了一位三十岁左右的贫民顾客。他衣着破烂不堪，一脸的悲哀、愤怒。莉莎要去接电话，一不小心把一个碟子碰翻，六枚精美绝伦的钻石戒指落在地上，她慌忙捡起其中的五枚，但第六枚怎么也找不着。这时，她看到了那个三十岁左右的男子正向门口走去，顿时，她醒悟到了戒指在哪里。

当男子的手将要触及门柄时，莉莎柔声叫道：“对不起，先生！”那男子转过身来，两人相视无言，足足有一分钟。“什么事？”他问，脸上的肌肉在抽搐。“什么事？”他再次问道。

“先生，我是头回工作，现在找个事做很难，是不是？”莉莎神色黯然地说。男子长久地审视着她，终于，一丝柔和的微笑浮现在他脸上。“是的，的确如此，”他回答说，“但是我能肯定，你在这里会干得不错。”停了一下，他向前一步，把手伸给她：“我可以为您祝福吗？”莉莎立刻也伸出手，两只手紧紧地握在一起，她用柔和的声音说：“也祝您好运！”他转过身，慢慢走向门口。莉莎目送着他的身影消失在门外，转身走向柜台，把手中握着的第六枚戒指放回原处。

本来是一起盗窃案，但莉莎巧妙利用暗示的含蓄方式达到了自己的目的。“对不起，先生！”莉莎首先用了礼貌用语，向对方传递了友好的信息，如果口气过重就有可能导致成男子逃跑。同时，莉莎也传达了两层言外之意：你有偷盗戒指的嫌疑；你放心，我不会用粗暴的方式对待你。“我是头回工作”，暗示我和你也一样“同是天涯沦落人”，借以引起情感上的共鸣；“现在找个事儿做很难”，言外之意是你把这枚戒指拿走，我可就丢了工作；“是不是”，通过是非疑问，借以引导男子进一步思考，同时扩大的暗示效果。在整个沟通过程中，莉莎都是通过委婉的语言引导男子按自己的思路走，最终说服了男子，也达到了自己的目的。

逻辑口才

无论是在人际交往中还是在商业谈判中，最有效的沟通方式莫过于迂回战术。很多情况下，直接的沟通方式完全不起作用，此时，温婉、迂回的说话方式不但能解决问题，也不会让对方失去面子。

话不能说得太满，留有空间

世事沉浮，变化无常，很多的改变是我们无法预料的。在我们与别人进行交谈和作出承诺的时候要注意，万万不可把话说得太绝，没有回旋的余地，从而给双方带来一些巨大的伤害。把话说得太绝是幼稚的，让思维和言行朝着一个方向发展而不知转弯，很容易走进极端。一个真正成熟的人，应该在每一个不同的发展过程中冷静地处理问题，从各个方面进行考虑，让自己说出的每一句话能够有一个回旋的余地。

俗话说“水满必溢”，一个人的言谈和向杯子中倒水是一个道理。太满就会溢出来，造成一些不必要的麻烦。凡事都会出现意外，事情的变化我们又无法做到完全掌握，因此话就不能说得太满，免得没有容纳意外的空间。

三国时期，蜀国大将关羽有着万夫不当之勇。华雄、颜良、文丑等有名的战将都成为了他的刀下之鬼。在曹营中，为了前往刘备的驻地，他过五关斩六将，所向披靡，使人闻风丧胆。别人形容他为“万人之敌”“熊虎之将”，故而，他也就有了骄傲自大、目中无人的毛病，觉得自己天下无敌。后来刘备成为汉中王，封关、张、赵、马、黄为“五虎上将”，关羽居首。他听说黄忠竟然也在五虎上将之列，竟觉得丢了自己的面子，气冲冲地说黄忠何等人，敢与吾同列，大丈夫终不与老卒为伍！好在，黄忠性格温厚，没有和他一般见识。

后来，关羽负责驻守荆州，与孙权成为邻居。孙权为了改善双方的关系，就派诸葛瑾前去提亲，想让孙权的儿子和关羽的女儿成为夫妻。这样就可以“结两家之好”“并力破曹”，巩固吴蜀的政治联盟。谁知道关羽素来瞧不起孙权，听到诸葛瑾的话竟然大怒，骂道：“吾虎女安肯嫁犬子乎？”这下倒好，本来可以亲上加亲的事，现在反目成仇。孙权听说之后，气得牙根痒痒，决定除掉这个目中无人的家伙。没多久，他就派吕蒙攻下荆州，关羽败走白城，最终身首异处。

子曰：“乱之所生也，则言语以为阶。君不密则失臣，臣不密则失身，几事不密则害成。是以君子慎密而不出也。”关羽的大舌头最终给自己带来了悲惨的结局，最终也让刘备兴复汉室的愿望因为失去了荆州这一兵家必争之地而夭折。如果关羽在对待东吴的问题上，语言能够谦和一些的话，绝不会让孙刘联盟破裂，说不定三国的历史还要重新改写。

古人一再告诫我们说话要注意分寸，反对不留余地的言论。比如，给朋友帮忙的时候，可以说尽力而为，但是不能大

包大揽乱拍胸脯，免得到时候无法兑现诺言，惹得双方都不愉快。“轻诺寡信”，轻易作出承诺的人，为人的可信度就自然降低。给自己留有余地，从而在任何时候都能够从容地对待发生的一切，才是智者的行为。无论是在朋友圈还是交际场，道理都是一样的。说话掌握分寸，才不会招致别人的记恨，自己也能有一个好的生存空间。

张娟是列车上的产品推销员，她这次推销的是一种新产品——螺旋状的袜子。为了表明这种袜子的透气性，张娟随手拿起一只袜子，对乘客们说：“来帮帮忙，拿住袜子一端，使劲儿拉。”说着，她就和一位乘客对拉起来，袜子的韧性的确很好。

接着，张娟又随手拿起一根长长的针，在拉得绷直的袜子上来回划动，袜子也没有损伤，说：“看一看，这种袜子不易抽丝。”紧接着她又拿起打火机，在袜子下面晃动，而袜子也未受到损伤。

在张娟一番介绍之后，袜子在乘客手中传看。一位乘客有意地拿起针，只是一划就在袜子上划了一个洞，原来如果顺着纹理划不易划破，并不是划不破。另一位顾客要用打火机烧，急得张娟赶忙补充说：“袜子并不是烧不着，我只是证明它的透气性好。”最后大家终于明白怎么回事，却没有乘客再买袜子了。

张娟的遭遇告诉我们，谈话时，尽管是绝对有把握的事，也不要把话说得过于绝对，不留余地，否则容易引起他人的挑刺。与其给别人一个挑刺的借口，不如把话说得委婉一点。同时，如果不把话说得绝对，还可以为自己赢得更为广阔的空间与对方交流。

其实，生活中出现的许多尴尬，源于个人不加思考的言行。如果把话说得太绝，就难免会和发展的事实产生巨大的偏差，最终也会很容易给自己招来灾难。我们在说话的时候应该考虑一下日后事态的变化，尽最大努力给自己留有一定的后路。

逻辑口才

智慧的人懂得说话掌握分寸，从不会信口开河，以免带来日后的尴尬。我们在说话的过程中也应该学会给自己留有余地，只有这样才能取得事业上的成功和朋友们的尊重。

坦诚沟通，主动交流

与人交谈中，为了展现我们最好的一面，也为了掌握交谈的主动权，很多时候，我们都是小心翼翼地和他人保持着距离。我们是这样的，别人也是这样的。其实，如果我们不想被别人牵着走，想拉近彼此的距离，有时可以主动暴露和说破一些事，而这能向对方表明你是诚实的，这样，对方的戒备心就

会松懈。那么，对方也会对你坦白内心。

在新的工作环境上班的第一天，黄小美感觉到非常的不习惯，不仅是因为新的环境不适应，更主要的是和新的同事不熟悉。尽管随着时间的推移，她终究会和他们打成一片，但是黄小美可不想把主动权交给时间。

于是，这天中午，她利用午休的时间和同事玉环聊起了天。由于刚刚认识，玉环对她抱有很强的戒备心。双方聊了聊天气，聊了聊拥堵的路况，就没了话题。而且玉环表现得非常矜持，没有多发表意见。

这时候，黄小美说："我这人方向感特别不好，早上来的时候走错了地方，我还一个劲地敲门呢，结果走到了隔壁楼，幸亏一位大姐的热心帮助，我才找到这边来。你说我是不是太笨了啊？"

玉环笑着说："这不算什么，我当时直接坐反了车，还一直纳闷呢，怎么没有当时说的那个公交站点啊？直到车到了终点，我还疑惑呢，后来问了乘务员才知道原来自己坐反车了，当时好丢人啊！"

……

就这样，黄小美和玉环之间的话慢慢多了起来，玉环也不再那么矜持了，而是畅所欲言，再加上两人年龄相仿，聊的话越来越多。黄小美嗓门很大，玉环也不再装淑女了，没心没肺地开怀大笑起来。人们很快成为了无话不谈的朋友。

黄小美再也不觉得难受了，她在这个新环境里有了朋友，再也不孤独了。

故事中的黄小美和玉环由于刚认识，所以彼此之间都很有戒心，后来在暴露了彼此的不少缺点之后，双方的心理距离迅速拉近了。由此可见，暴露缺点，让他人感觉到你的真实，进而跟真实的自己进行比较之后觉得安全，彼此的心理距离会迅速拉近。

我们在与人交往之初，都希望双方能进一步了解，但出于防备心，人们都不愿意坦诚内心。此时，如果我们“坦白交代”，主动说破自己的一些小缺点，更能向对方暗示你的真诚与可爱，更有助于打消对方的心理防线，从而有利于你进一步了解别人。

具体说来，坦白内心，我们应注意以下几点要素：

（1）主动交代自己无伤大雅的往事

比如，闲暇时候，你可以和同事闲聊自己曾经失败的事，这比谈自己成功的事更易拉近彼此间的距离。因为老是炫耀自己成功的光荣事情，容易让人产生反感，而留下不好的印象。因为首先在态度上我们已经示弱并表示了友好，对方没有不接受的道理。

（2）把握好坦白的度

一些小错，要在不伤及大局的情况下进行坦白，对于这个度，我们要把握好。因为，“过多地暴露”或者“和盘托出”都会存在风险，过度地暴露自己，很可能会让对方顺着你的思路去思考和评价你，最终导致的结果是让对方远离你，因为和人们

不喜欢“完美”的人一样，人们也不喜欢全身满是缺点的人。

因此，提倡“自我暴露”，并不是让你把自己的“老底”都揭给对方看，不分场合，不分对象地将自己“暴露无遗”，比如，在职场，我们不能因小失大，不能因为讨好同事或者领导，而让自己犯一些原则上的错误，如账目问题、工作态度问题，我们不妨选择暴露那些不会影响到整体形象的“小事件”或者“小缺点”“小毛病”等，正因为这些小瑕疵的存在，我们会显得更真实，更可爱。

当然，我们在坦白一些事的时候，千万不能抱怨别人，否则会让别人感觉到你不会处理人际关系，而是在怨天尤人。如果和你接近出了问题，你也会抱怨他。因此，对你有了成见和看法。实际上，你的坦诚并没有换来别人的亲近，相反，导致别人的心理戒备加强，以致和你拉远了关系。

逻辑口才

人际交往，要想消除彼此的戒备心，最好的办法莫过于先主动坦白内心，暴露自己，这样也会促进对方对我们敞开心扉。

逻辑要求，对话沟通的连接

生活中，我们常常提到“对话”一词，对话的含义很广，通常的对话指的是在两人之间进行的，这是言语交际的基本形式，一场完整的对话是由发话、听话和答话组成的，这三个环节缺一不可，并且，我们对这三个环节都有不同的方法和逻辑要求，本章我们一一进行分析。

沟通中发话的技巧和逻辑思维

我们都知道，人与人之间的交流是双向的，也就是说，一方先开始提出话题或者问题，而另外一方将话题进行下去或者回答的过程，所以，发话也就成了沟通中的钥匙。无论是正式场合的沟通还是日常中进行交流，发话都少不了。而能否成功地开启话题，是一场谈话能否正常地交流思想、达成沟通目的的前提。为此，我们有必要分析一下对话中发话的方法和逻辑要求。

我们可以将发话分为问句发话法和非问句发话法两种类型。

1.问句发话法

顾名思义，发话的句式是由问句组成的。而我们还可以对问句进行三个分类：

①填充式问句。

②联系式问句。

③选择式问句。

接下来，我们可以对这三种问句发问法进行解析：

（1）填充式发问法

填充式发问法就是以一种填充式问句发问的方法。比如：

①电脑是什么？

②林肯是谁?

③下周末你去哪?

填充式问句，我们也能将其总结为“问句”，类型多种多样，上面我们举出的三个例子则属于“是什么”类型。

通常来说，这一问句类型的表达形式是特指疑问句，经常会使用一些代词，如“谁”“什么”等。

在生活中，填充式发问法随处可见，比如，见面时我们会问对方：“很长时间没见面了，你最近忙什么呢？”“现在几点了？”与陌生人见面，你会问：“您从事什么职业？”“您今年高寿?”

这一发问法要求发问者在提出的问句中，主项和谓项所指的对象必须真实地存在，否则，我们发出的话题就是没意义的。比如，“什么药能长生不老？”想必我们都知道，让我们长生不老的药并不存在，这是违背自然规律的，对方也不可能回答出来，所以，这一问话是无效的。

填充式发问法由于提出的话题和回答的话题都很简单，所以更适用于教学活动，尤其适用于是初级阶段的教育。

（2）联系式发问法

很容易理解，联系式发问法是以联系式问句发问的方法，当然，我们所说的联系，指的是主谓之间的联系。比如：

①秦始皇是中国的第一个皇帝吗?

②你是不是教师?

这里，联系式问句以“是……吗”或“是不是”型为基本类型，它的表达形式为是非疑问句。

我们对联系式发问法提出的要求是发问者要明确提出主项和谓项。并且，答话者的回答要在主项和谓项之间的联系上。按照上面我们举出的两个例子，回答者只需要回答“是”或者“不是”即可。

（3）选择式发问法

选择式发问法是以选择疑问句发问的方法。比如：

①黄瓜是水果还是蔬菜？

②你是记者还是老师？

③你是喜欢黄色还是绿色？

这里，选择式问句是以“是……还是……”为基本类型，它的表达形式是选择疑问句。

我们对选择发问法提出的要求是，对于问句中提出的选择的情况，要作出肯定的回答，而不是否定的。另外，还要求我们区别两种不同的选择问题，一种是相容的，一种是不相容的，顾名思义，相容的就是两者能并存，而不相容的就是两者不能并存。

运用选择式发问法的好处是能使听者扩大思考范围，让其在两者或者更多选项中选择其中的一种。

2.非问句发问法

非问句发问法，顾名思义，就是由各种非问句构成的发问方法，包括陈述式发问法、祈使式发问法、感叹式发问法三种。我们一一进行分析：

（1）陈述式发问法

这一发问方法是由发话者提出的某种陈述，内容涉及事物的现象、性质、状态、关系或者存在等各个方面。

比如，“我以为你已经三十几岁了。”“现在我们来谈谈数学教学的问题。”这都属于陈述式发问法。

这一发问方法要求我们说话时态度诚恳，不可没话找话、无病呻吟，比如，“今天天气……”之类的话题。

（2）祈使式发问法

这一发问方法是由发话者提出的关于自己的某种想法、愿望、请求等。比如：“麻烦你了。”“希望你能开心每一天。”

这种发问的方法使句式有请求或指令的语气。我们对祈使式发问法提出的要求是：表示要明确，其中提到的某些事项必须是真实的，如果不恰当，我们提出的祈使也就失去了意义。

（3）感叹式发问法

这一发问方法是由发话者提出的感叹的语句，感叹的内容多半是发话者自己的感受。这一发问方法在恋爱中常见。

逻辑口才

掌握对话中发话的方法和要求，能帮助我们更好地开启沟通之门，做到在沟通中有的放矢，更好更快地帮助我们达到沟通目的。

沟通中听话的技巧和逻辑思维

一场顺利的沟通是由发话者和听者构成的，只有人发话，而没有听话者，就构不成对话。在一场谈话中，听话者只有善于倾听，才能明白发话者的含义，也能回答出恰当和机智的话，如果听错了，答话就会失败。

刘华在一家大型图书卖场工作，她很热爱这份工作，她不仅在没事的时候看各种图书，还为很多读者推荐了适合他们的书籍。

有一天，卖场来了一位30岁左右的男人，他的脚步停留在一堆心理学书旁。这时候刘华走了过去，打招呼："您好，先生，您是要购买关于心理学的书啊？"

客户回答说："我随便看看。"刘华知道客户不愿意跟自己说话，于是，她站在一旁，并没有多说什么。这位先生又在心理学书籍书架旁翻阅了很久，不知道究竟买哪一本好，显得左右为难的样子。此时，刘华觉得时机已经成熟，于是，她再次走过去，对那位先生说："先生，请问你想购买什么样的书呢？"

客户："我想买一些心理学的书看看，但是我不知道该买哪一本好。"

刘华："是啊，现在的心理学书太多了，不知道您购买心理学书籍是出于爱好，还是其他原因呢？"

客户："其实，我购买心理学书籍有很多因素，我本就比较喜欢这类的书，以前读书的时候错过了很多好书，现在想再买点

这方面的书看，另外，我现在的工作也需要掌握一些心理学基础知识。但我对心理学知识是一窍不通。”

刘华：“要是这样的话，我建议你买一些心理学基础知识，先了解一下，这本《心理学基础》就很不错。等你了解了基础再买别的吧，因为心理学非常难，买的书太难了，根本看不懂，还会给自己造成心理阴影。”

最终，客户选了一本《心理学基础》离开了。

我们发现，案例中的图书销售员刘华是个懂得“听话”的人，刚开始，在客户刚刚光临的时候，她热情地帮助客户反而被拒绝后，并没有继续“纠缠”客户，而是等客户真正需要帮助的时候再“出现”，在得到客户肯定的回答后，她开始一边倾听，一边引导客户继续说，进而逐渐让客户主动说出自己想购买的书籍类型，从而帮助顾客作了决定，完成了销售。

中国的语言表达自古以来就不是直来直往的，而是充满了含蓄和间接，带有不少的哲学意味。因此，在我们听别人说话的时候，更要注意其表面语言下涵盖着的真实意思。假设你的车子停在路边，一只轮胎走了气，正当你在拼命地想办法的时候，一位好心肠的青年走过来，问：“轮胎走气了？”此刻心急火燎的你如果单从字面意思来理解的话，很可能就会气急败坏地回答：“你的眼睛瞎啦？这都看不出来？”如果这样回答，恐怕就真的是“狗咬吕洞宾，不识好人心了”。那个热心人也会对我们的困难采取一种“事不关己高高挂起”的态度。

那么，在对话中，我们该如何听呢？

（1）听语气

在各个场合，“听话听音”，一个人即使不和你说真话，他的语气同样可能暴露出他的性格、愿望、生活状况甚至他的意图。潜藏在人内心的冲动、欲望等，总是会通过某个方面体现出来，所以要了解对方意图可借语气来了解。

（2）听语速语调变化

生活中，我们能从别人的语气来看出一个人与你交谈时候的情绪，而留意了他的语调语速变化，你就留意到了他的内心变化。有些语调变化是故意的，那是他想向你传达某些信息。而某些语调变化是潜意识的，你可以借此发现他的情绪变化，以便随时调整你的说话内容。

（3）鼓励对方多说

任何人在谈话的时候，都希望自己的意见和观点得到认同、理解。因此，如果你能表示出对对方的理解，那么，他是很愿意继续说下去的。对此，你可以在倾听后适当地加入一些简短的词汇，比如，“对的”“是这样”“你说得对”等。也可以点头微笑表示理解。当然，你还需要做到专心倾听，并与对方偶尔进行眼神交流，切不可心不在焉。

逻辑口才

对话中，我们一定要带着心去听他人的话，不能只听表面，只有听出他人的想法、意图、话语里的真正含义，才能给出最恰当的回答。

沟通中答话的技巧和逻辑思维

一场完整的对话是由发话、听话和答话构成的。可能不少人认为自己会发话，更坚信自己懂得听话，而事实上，人际沟通中的倾听远不止如同听广播和音乐般随性，高质量的沟通是需要达到一个观点和意见的交流的，也就是说，我们除了听话之外，还要懂得答话技巧，只是漫不经心地倾听是一种不尊重和无礼的表现。

周小姐大学毕业后，并没有和其他同龄女孩一样找工作，而是自己创业，在创业的过程中，她遇到了一些资金问题，手底下几名员工也要发工资，为此，她准备向银行贷款，以解燃眉之急。但她听说，她所要拜访的张行长很难对付。

这天，她终于等到了张行长，但没想到，一到办公室的张行长就开始发牢骚："今天这球我输得太惨了，我的球技一直很好的，要不是刘局长……"原来，张行长刚从网球场回来，败兴而归。

听完张行长的一顿抱怨后，周小姐才开始慢条斯理地说："您好，张行长，我知道这个时间在这儿一定能等到您，因为打完网球您一般都会到办公室来先休息一下。"

张行长："哈哈，周小姐对网球也有浓厚兴趣？"

周小姐："'小女子'也不提当年勇喽。大学时候，我还参加过网赛呢，可惜第一回合就被淘汰了。"

张行长："哦，原来是这样……"

两人很自然地扯起网球球星的许多轶事来，这让张行长觉得两人十分投缘，大有相见恨晚之感。最后，周小姐如愿以偿，与银行达成了利率优惠的贷款协议。

周小姐之所以能从银行顺利贷到款，取决于她与张行长之间良性的沟通。这个沟通的过程中，面对张行长的牢骚，周小姐并没有打退堂鼓，而是等张行长说完后，采取了积极的回应，说明自己上学时也曾在网球场上失败过，于是，二人就网球这一共同嗜好将沟通进行下去，下面的业务问题就自然好谈得多。

可能有些人会产生疑问，我们该怎样答话呢？具体说，有以下方法：

（1）确定

确定意味着把你所听到的对方的话用你自己的语言复述一遍。同时，确定也可以指通过提问来确保你理解了对方想要表达的意思，或者通过提问来寻求更多的信息以帮助你理解对方的意思。

最高效的倾听者非常善于在谈话过程中进行这种确认。即便他们已经充分掌握了对方所说的意思，仍然想要不时地向对方确认，以便让对方知道自己正在全神贯注地倾听。

（2）附和

附和能帮助人们建立支持与信任的关系。我们通过这样的方式让发言者知道自己得到了认可。它告诉发言者，我们非常积极地在听。当我们表示附和时，实际是在扮演扩音器的角色，

鼓励对方尽情表达自己的想法、计划、观点以及感受。在附和的时候，我们不能带有任何评论、审判或以自我为中心的倾向。

附和的时候你可以使用非常简洁的语言，比如："我听见了""我知道了""继续说下去""我正听着呢""好的""没错""啊""有意思"以及"啊哈"。同时我们也可以用非语言性的方式表示附和，如面部表情、肢体语言，或者手势，它们包括：

扬起眉毛（表示你不太确定，或没听明白，需要对方告诉你更多的信息）。

微笑（表示你同意对方的观点）。

与对方靠得更近一点儿（表示你对对方正在说的内容非常感兴趣）。

点头（表示认可）。

保持目光接触（让发言者知道你正在听着）。

把手举起来，掌心朝向发言者（让对方停下来，告诉发言者你没跟上他/她所说的话）。

（3）避免无效的回应

这类无效回应包括：

不赞同对方："你怎么能这么说人家呢，他人不错的嘛！"

表示不赞同的体态语言：摇头、摆手、面部表情不屑、身体姿势等。

陈述你个人的观点："之所以行不通的原因是……"

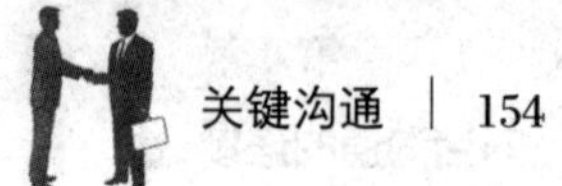

发生争论："不对，你简直在胡说！"

曲解对方的观点："我觉得这样说，是因为你认为自己没有与她对抗的自信。"

同意对方的观点："没错，你说得太对了，那人就是个蠢货。"

引导对方作出某种特定的反应："我觉得你确实想报复他们。"

操纵对方，使其作出特定的反应："他不能再这样贬低别人了，下次你应该狠狠回击才对。"

以异样的语气显示偏见："难道没人教过你如何使用这台机器吗？"

总之，从以上三个方面努力，你也就大致掌握了回应他人谈话的要领了。

逻辑口才

有发话、听话就应该有答话，但答话并不是乱说一气，而是要从逻辑的角度，根据说话时候的具体情境进行回应，这样的答话才是有效的。

沟通中明确概念

在任何一场沟通中，对话双方所叙述的语句都是由表达概念的词语组成的，为此，如果我们希望双方在沟通中能互相理解，就要清晰、明确地表达，否则，很容易出现混淆和误解。我们来看下面一段对话：

A：这些天你怎么样？

B：别说了，又失恋了。

A：我不是问你感情的事。

B：哦，我身体最近还好。

A：天哪，你怎么了，我是想问问你最近工作的事。

B：你还问怎么了，明明是你问得不清不楚。

在生活中，大概我们经常会听到这样的对话，显然，这种对话是没什么效率的，两人弄了很久才明确到底彼此在说什么。原因就是A问得不清楚，要知道，“最近怎么样”这句话包含的内容很多，如感情、工作、学习、生活或者身体等，如果他能就其中的一个点进行提问，或许就不会让B丈二和尚摸不着头脑了。

接下来，我们看看一个中国人和美国人的对话。

“您爱人身体好吗？”

这位美国人马上变了脸说：“你说什么？”

“我是问您夫人身体好吗？”

“呃，你想问这个，我都七十几岁了，今天我儿子也在，

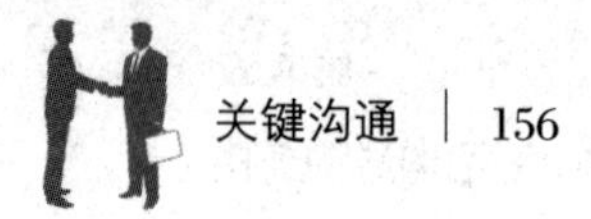

你怎么突然问起我女友来了？”

为什么这名美国人会不高兴呢？这是因为他与对方的文化没有达成一致的理解，在中国，我们认为爱人指的就是“妻子”“夫人”，而出于文化的差异，美国人则认为是“女友”“情人”等，也难怪他会生气了。

当然，在一些对话中，我们要注意防止对方偷换概念，这是故意违反逻辑，目的是误导我们。

某报载小品文一则，讽刺一些恋人的“向钱看”：

小伙子：“您老是要这要那，不怕人家说你是高价姑娘吗？”

姑娘：“怕什么！裴多菲都说了，‘生命诚可贵，爱情价更高’嘛，价钱低了行吗？”

显然，这位答话的姑娘故意偷换概念。我们知道，所谓“高价姑娘”的“价”，是“价格”的“价”——人们是用“高价姑娘”来贬斥那些把爱情当商品加以买卖的姑娘。而裴多菲诗中“爱情价更高”的“价”是“价值”的“价”——它赞美真正的爱情比生命还要宝贵。因此，同一个语词（“价”）表达的是不同的概念，但姑娘的上述答话故意将它们混同起来，用前者偷换后者，这是一种明显的违反同一律要求的逻辑错误。

那么，也许你会产生疑问，谈话中如何做到明确概念呢？为此，我们要从以下几点要求出发：

（1）重点简明扼要

人们都只会去做自己清楚的事，所以你要简明扼要地告诉

对方你希望对方接受什么，希望对方做什么。

所以，在开口前，你不妨先问问自己，如果我是听话者，我能听明白自己在说什么吗？我有没有确切告诉他们该做什么？

要确定你说的重点，就应该精简文字，就像打电报一样，绝不啰唆，还要清楚、明白。

最重要的一点是，你的请求必须是让对方一听就能明白的实际行动，而不是猜来猜去的心理活动。

“经常想想你的祖父母吧！”这样说太含糊了，对方也不知如何去行动，你不妨这样说：“本周末就去看望祖父母吧！”再如，与其说“要爱国”，还不如说“下星期二就请投下你神圣的一票”。

（2）重点简单易行

无论你谈的话题是什么，你都应该令自己的重点让对方听起来可以理解和接受。所以，最好的方法就是明确，比如，你希望对方加强记忆人名的能力，千万别说：“从现在便开始增加你对人名的记忆次数。”这样说未免太笼统了，也让听者不明就里。为此，你还不如说：“从你遇到的下一个陌生人开始，在五分钟之内就重复他的姓名五次。”

你可能会问，到底是肯定的方式叙述好还是否定的方式好？这一点取决于对方的观点，二者之间并没有明确的好坏之分。比如，如果你提醒对方应该避免某东西，以否定的方式说明就比肯定陈述更有说服力。数年前，一句“不要做个摘灯泡

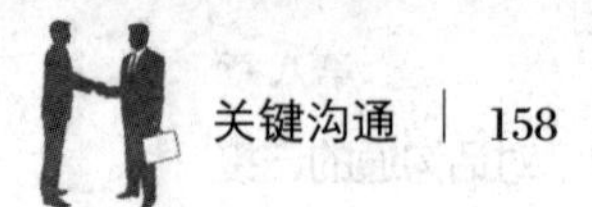

的人”的广告词就以否定的措辞取得了很好效果。

相对于那些概略的言辞来说，明确的概念更能让对方听明白，也能引导对方接纳我们的想法，按照我们的建议去行动。

沟通中合理作出判断

在任何一场谈话中，对话双方表达的媒介都是语句，也是靠语句表达判断的，有些情况下，不是直接表达判断的，但也是隐含在对话之中的。很多时候，听者答话也是通过判断来表达的。因此，我们可以说，对话中的判断是否合适、贴切、准确，关系到一场谈话的成败。

所以，我们对整个对话提出的基本要求之一是判断要恰当。在前面一节中，我们已提及，对话中，如果概念不明确就会造成听者无法会意，也可能造成逻辑错误。其实，对话不仅是由概念组成的，也是由组成概念之间的判断组成。即使某些对话看似只是说了一个概念，但其实判断是隐含在其中的。为此，对话中的联系，说白了就是判断之间的联系。

总的来说，不但判断要恰当，而且各个判断之间必须要符合相应的逻辑规则，只有这样，才能符合逻辑要求。

为此，我们需要注意以下几个方面：

（1）注意发话中的不当判断

我们举出两个例子：

①A：“你这么笨，简直是不可救药！”

B：“笨就是不可救药吗？”

②A：“你一定是要相亲才化妆。”

B：“化妆一定要去相亲吗？”

①和②中的发话者提出的判断是不恰当的，在①中提出的“笨”并不能构成不可救药的条件，犯了强加条件的错误，对话者提出的反对是正确的。而②中提出的“去相亲”是化妆的必要条件，其实，“不相亲”也可以“化妆”，两者之间不存在必然关系，所以，发话者提出的判断也是不恰当的，而对话者的反问是对的。

（2）注意对话中的不当判断

①A：“小李怎么又溜出去玩了？”

B：“溜出去算什么事！”

②A：“你可不能考试作弊！”

B：“考试作弊的又不是我一个人！”

在以上两句话中，B的对话都是不恰当的判断。在①中，对话者的话很明显是答非所问，“出去玩”和“算什么事”之间完全没任何逻辑关系。而在②中，对话者对发话者的批评作出了错误的反驳，这里，我们很容易看出一个内容错误的判断：“大家都干的错事我也可以干。”

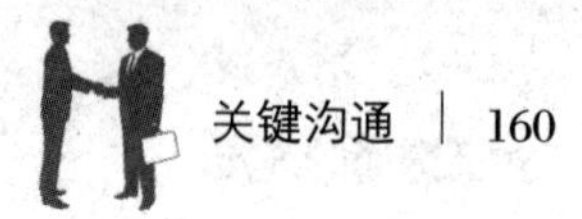

（3）注意判断范围

A（父）：“我早说不许你抽烟，你又在客厅里抽烟了。”

B（子）：“好吧，我以后一定不在客厅抽烟。”

在这一对话中，我们发现，父子所作的判断其实都是不恰当的，本来，父亲是希望儿子不要再抽烟了，但他借用“客厅里不能抽烟”来限制“抽烟”，无疑就把概念缩小了。而对于儿子来说，他本来是明白父亲的本意，但是巧借了父亲的判断错误，故意缩小了概念来回答。

（4）对话中不应包括自相矛盾的判断

我们再来看下面一段对话：

甲：“很好，按照你的理解，也就是说，你没有什么信念之类的东西了。”

乙：“是的，没有。”

甲：“这是你的信念吧？”

乙：“是的。”

甲：“那为何刚才你说自己没有信念呢？”

乙：“……”

这一段对话中，很明显，甲巧妙地用自己的语言将对方引入到自相矛盾的境地，从而否定了他的观点。

在一些谈话场合，揭露对方言谈中的自相矛盾是一种常用的反驳对方的手段。

有一个人声称自己发明了一种万能电脑，然后让推销员为自己推销。某科技公司展出了这台电脑。然后放在一个电脑公

司公开展览。该电脑公司的教授安德森很好奇，就去参观。

展览会上，推销员声称这台超级电脑可以回答任何问题。

教授写下了他的问题：“我爸爸在哪里？”

然后，推销员将这句话输入电脑，一会儿答案就出来了：“你爸爸在海上钓鱼。”

“胡说！”安德森教授说，“我父亲在几年前就去世了。”

“电脑是不会出故障的，这个问题一定在某些方面是对的。”推销员坚持说，“不信你换种提问方式再问一遍。”

于是教授再问：“我妈妈的丈夫在哪里？”

超级电脑回答说：“他去世十年了，但你爸爸在海边钓鱼。”

乍一听，这是个幽默故事，但它暗含了一个逻辑学上的自相矛盾的错误，聪明的教授正是通过语言试探法让推销员陷入了自相矛盾的境地，拆穿了其“万能电脑”的谎言。

（5）对话中不应包含有歧义的判断

①A：昨天下午你去干吗了？

B：昨天下午我去拜访了突然患病的同事的父亲。

②A：周末，是不是有两个小朋友找不到老师特别着急？

B：我真的没办法理解您的话！

上面这两则对话中，在对话①中，B的话可以理解是“同事”突然患病，也可以理解为同事的父亲突然患病。而在②中，A的话既可以理解为“小朋友找不到了”，也可以理解为“老师找不到小朋友了”，以上两种情况都是含有歧义的判断。

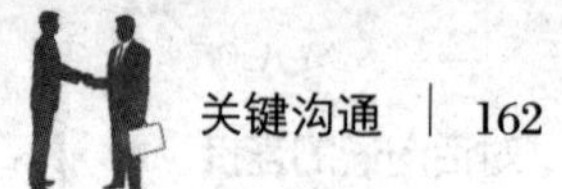

逻辑口才

在对话中，真正构成对话的除了概念外，就是判断，为此，只有在判断恰当的情况下，发话者和听话者之间的信息才能沟通起来，才能收到应有的沟通效果。

第九章 演讲逻辑，令听众心悦诚服

现代社会，出于很多原因，我们都要在公共场合发表讲话，也就是演说。所谓演说，是以有声语言为主、无声语言（态势语）为辅进行思想交流和宣传的有力工具。它的形式是丰富多彩、无限多样的。演说中，想要我们的话达到成功打动听众的效果，就必须要具有逻辑性，混乱的演说风格是无法深入人心的。所以，我们在精通讲话和沟通技巧的同时，应自觉培养自己的逻辑思维能力。

逻辑在演讲中的重要性

生活中，我们常提到“演说”一词，顾名思义，演说最重要的就是“说”，也就是语言的艺术，可以说，任何一个在公共场合参与演说的人，都希望自己在演说的时候能妙语连珠、口若悬河，这也是演说大师制胜的法宝，是我们讲出魅力的根基。但照本宣科、照稿念，是无法达到这一效果的，任何一个演说大师都懂得，要想让听众接受自己的观点，就要让自己的演说逻辑思维缜密、天衣无缝，因为任何漏洞都可能被听众听出来，而让自己的努力便因此前功尽弃。为此，我们可以说，逻辑是演说中的命脉。

对演说的逻辑把握，最重要的还是要从整体局势上把控，其次是语言上的推敲。

的确，任何一个人在建造房屋前，只要他是理智的，他绝不会在毫无准备的情况下就动手，那既然如此，演说中，为何你要在自己的目的都没有明确的情况下却妄想开口呢？

我们要把任何一场演说都看成是有目的的旅程，必须要先绘一张行程图，如果你随便就从某个地方开始，那么，你很有可能就在此处结束了。一个人随便从某处开始，通常也就终止于某处了。

卡耐基一直想把拿破仑曾经说过的一句话——“战争是门科学，未经计划、思考，休想成功”漆成浅红色的，然后挂在演讲课堂的大门门口。

确实，这一道理同样能放置到演说中来。一些演说者明白这一点，一些演说者不明白，但明白此理的演说者能否将其付诸实践呢？对此，我们就不敢肯定了。但不少演说者在演说准备工作上花的时间绝对不会比烹煮一道小菜多。

一些初学的人更少花时间去进行演说前的规划，因为规划需要花费时间和精力去准备、思考，也需要意志力，思考毕竟是一个不怎么快乐的过程。发明大王爱迪生曾把雷诺德爵士的一段名言放到了他工厂的墙壁上：

“成功之道，唯有用心思考，别无捷径。”

那么，怎样的安排才是最好和最有效的呢？我们在没有对其进行分析和研究之前是无法给出定论的。它永远是个新问题，是需要每个演说人进行深层次探索和追寻的问题，我们不能给出规则性的答案，但是对于长时间的演说来说，有三个方面是绝对重要的：引起注意、正文和结论。这三个阶段，都各有历久弥新的方法可供参考。

具体来说，我们要注意三点：

（1）“厚积”才能“薄发”

作好演说，不仅需要我们的嘴上功夫，更需要平时的积累。因此，必须注重知识的积累，语言的积累，经验的积累。茶壶里有饺子才能倒得出来，有深厚的积累和扎实的根底才能做到言之有物，言之有据，言之有理，言之有效。心虚气短、心浮气躁的人是无论如何也讲不到“点子”上的。

（2）带着真诚讲话，用真诚感染听众

福胜·J. 辛主教在他的《此生不虚》一书里写下这样的片段：

“我被选出参加学院里的辩论队。就在圣母玛丽亚辩论的头一天晚上，我被我们的辩论教授叫到了他的办公室内，然后我就被训斥了一顿。

“‘你就是个名副其实的饭桶！自从我们学院创办以来，还没见过你这么糟糕的演说者！’

“‘那，’我说，我想为自己辩护，‘我既是这样的饭桶，为什么还要我进入辩论队？’

“‘因为你会思想，而不是因为你会演说，去，到那边去，把演说稿中的一段抽出来，然后再讲一遍。’于是，我按照教授的话，把一段话反反复复地讲了一个钟头，然后他问我：‘看出其中的错误了吧？’‘没有。’于是，接下来，又是一个半钟头，最后，我实在没力气了，教授问：‘还看不出错在哪里吗？’

“过了这两个半钟头，我找到了问题的关键。我说：‘现在我知道了，我的演说没有诚意，我只是纯粹地背诵演说词，我心不在焉，没有表达自己的情感。’”

经过这一件事，福胜·J. 辛主教学得了永生难忘的一课：要让自己沉浸在讲演中。因此，他开始让自己对题材热心起来。直到这时，博学的教授才说：“现在，你可以讲了！”

（3）善思考，要有逻辑思维

人是思考的动物。善思考，才能出观点、出新意。不思考，就会人云亦云，没有真知灼见；就会老生常谈，提不出新思路、新见解。同样，演说过程中，如果你多加思考，那么，那些生硬的问题，自然就能找到通俗易懂的表达方式。

逻辑口才

演说是门语言艺术，演说过程中，如果我们希望自己的讲话引人入胜，就要注重讲话的逻辑，将逻辑思维推理融入到演说过程中，进而带动听众的热情，达成我们的讲话目的。

演讲准备有效梳理逻辑顺序

现实生活中，我们发现，不少人一到公众面前说话就紧张得不得了，要么说话语无伦次，要么说话含糊其词：“我们研发部门花了半年的心血研究的产品，要是我给介绍砸了就全完了，怎么对得起他们呀！”事实上，他们没有意识到自己说话缺乏逻辑的一个关键原因是因为他们没有做足准备工作。

我们无论出席什么会议，参加什么活动，都有被邀请讲话的可能，所以应该随时作好讲话的准备。美国著名的口才学专家卡耐基说：“没有准备的讲话是信口漫话或叫信口开河。”

卡耐基曾经历一件事，当时他在纽约的扶轮社，有一位显赫的官员是主持人，大家都在等着他开口演讲，想了解一下他所在的部里的情形。

卡耐基很快发现这位官员在事前并没有作准备，他原本想作即兴演讲，却发现没有什么可谈的，然后他又从自己的口袋里找出一些记录的零散的笔记，实在太杂乱了，他手忙脚乱地翻来翻去，却找不到有利于演讲的东西，他表现得越来越尴尬，时间就这么过去了，他还是不知道该说什么，然后反复道歉，还是不断地去翻那些笔记，再然后，他端起手边的水，然后颤颤巍巍地凑到嘴边，也许他一辈子都不会忘记那样尴尬的场景，他完全被恐惧击败了，所有的问题都是源自他没有在演讲前作一点准备。

因为工作的关系，从1912年开始，卡耐基每年都要对五千次以上的演讲作评析，无论什么样的演讲都让卡耐基明白一点：只有准备充分的演讲才能产生完全的自信，这就好比上战场打战，不准备一点儿弹药，怎么有信心击退敌人呢？林肯也曾说："我若是无话可说，就算年纪一大把经验一大堆，也免不了要为此难为情的。"

同样，生活中的人们，如果你也想说话时自信大方、娓娓道来，那么，为何不多作点准备、以此给自己增添一些安全感呢？为此，你可以从以下几个方面努力：

（1）选择合适的话题

我们在主持会议、宴会的时候，应该处处留心，及时了解和

掌握会议和活动的主题、议程安排、参加人员，这样才能在主持会议的时候作好即席发言。你可以选择与主题相关的话题，或是自己比较熟悉的话题，或是听众喜欢的话题。

（2）预先整理你的意念

查尔斯·雷诺·柏朗博士曾在耶鲁大学演讲时说过："深思你的题目，酝酿成熟，漫溢思想的馨香……再把所有这些意念写下，简单得只要能表达清楚概念就可以……把它们写在纸片上……通过这样的整理，零散的片段就容易安排和组织起来。"听起来并不难吧？实际上也真的不难，只需要你付出一些专注和思考。

（3）简单构思

平时的即席发言准备时间不多，但是无论如何，也应该围绕话题，迅速在脑海里构思一个简单的讲话提纲。开头怎么开，讲什么；说明的主题分讲几个观点，把观点概括好，用关键词、关键句把它列出来；结尾怎么结，有点、有线、有骨架，那么简单即席发言就有了。

（4）常在朋友面前预讲

杰出的历史学家艾兰·尼文斯对作家也有类似的忠告："找一个对你的题材有兴趣的朋友，详尽地把你的想法讲给他听。这种方式可以帮你发现你可能遗漏的见解、事先无法预料的争论以及找到最适合讲述这个故事的形式。"

预讲是一个确保你的演说更成功的方法，你可以将你的想法、见解都告诉你的朋友，你可以告诉他你是在预讲，也可以不说，你可以听他的想法，也许他有更新奇的主意，那样对你的演说就更有价值了。

另外，开始演说之前，你可以深呼吸三十秒，增加的氧气供应可以提神，给你勇气。然后请站直你的身体，看着听众的眼睛，开始信心十足地讲话。

逻辑口才

克服当众说话的障碍，对于每个人做任何事都有潜移默化的积极作用，如果你在公众面前都能将话说得头头是道、富有逻辑性，会使你脱胎换骨，从而进入更丰富、更圆满的人生。

思考演讲的思路和顺序

我们都知道，演说是一门语言的艺术。好的演说能激发听众情绪、赢得听众的好感，要做到这一点，需要演说者做到内容思想丰富、深刻，见解精辟，有独到之处，发人深省，语言表达要形象、生动，富有感染力。事实上，任何熟练的演说者都会做足准备工作，在开口前，他们一定会在头脑中事先进行逻辑推理，从而理清思绪，因为他们明白，如果演说时语言平淡无味，观点毫无新意，即使在现场“演”得再卖力，效果也不会好，甚至相反。

对讲话进行构思就是预先对演说进行总体设计，顾名思义，是对讲话方式、过程、意图等进行的组织和整理，这是对演说进行逻辑架构的重要部分。我们先来看看下面的故事：

30岁的陈先生最近刚刚获得一份在商场担任楼层主管的工作，上级领导交给他的第一个任务是：作一次就职演说。这对于学历不高、木讷的陈先生来说可是个难题，他花了将近十天的时间来准备这次演说。

这一天很快就来了，走上公司的会议大厅，他对所有同事和领导说：

尊敬的各位领导、各位同仁：

虽然我到××的时间不长，但在这这简短的半个月里，我已深深地感受到××这个大家庭的温暖，看到了××的发展前景。我也坚信我能做好这份工作，感谢公司给了我这样一个实现自我价值的舞台，在未来的日子里，我将继续努力，在原有的工作岗位上更加努力地工作，更加刻苦学习，做一个合格的××人。假如大家相信我、信任我，能够给我一次机会，我将在新的岗位上勤勤恳恳工作，认认真真做事，不辜负领导和同志们的希望和重托，将自己的每一份光和热都融化到××的事业中去，脚踏实地地干出一番事业。

今后，我希望能用你们的信任和我的努力作支撑，共铸××商场明天的辉煌！谢谢大家！

这番演说里，表达了一个职场新人对做好未来工作的坚定决心，可谓至真至诚，自然能打动人心，获得同事和领导的支持。

那么，具体来说，我们该如何构思演说的环节和内容呢？这需要我们从三个方面努力：

（1）整体内容的构思

要作好构思，首先就要从整体把握。这就要我们根据要演说的目的和场景，确定演说的主题，并搜罗那些能验证我们观点的材料。在构思的过程中，对材料进行分析与加工，你要确定哪些材料可以用，哪些不可用，以及哪些在加工后才能用，从而使自己讲话的主题建立在充分证据的基础上。这样不但会让讲话内容更充实，也会让自己在讲话时心境更放松，更有自信。

（2）对讲话的结构与过程进行构思

一场好的演说，必定是气势磅礴的，也就是说，内容好只是其中一个好的方面而已，还需要有好的形式。我们不难发现，即便同样的演说内容，被不同的演说者叙述，也会产生完全不同的效果。这是为什么呢？

就是因为他们处理讲话结构的方式不同。一场绝妙的演说包括开场白、中间部分和收尾，人们常常将这三个部分形象地描述为“凤头、猪肚、豹尾”的式样。

在构思这三个部分时，你需要注意的是，对于第一部分，你不可操之过急，而应该先将听众的注意力吸引过来，然后再展开内容，这一部分要求语言设计巧妙，有吸引人的强烈效果。中间部分则应该层层递进，不断制造高潮，控制听众的思绪，同时语言要充实、舒展，能将要表达的内容完整准确地表

达出来。结尾部分则应该用简洁有力的话语迅速收住，不拖泥带水。

（3）关键环节的构思

讲话要引人入胜，还必须巧妙设计一些关键环节。

那么，什么是关键环节呢？要么是对观众兴趣的激扬，要么是对话语内容的强调。幽默、悬念、流辩等话语是能够让观众高兴、为观众提神的话语，这类话语在整个讲话进程中合理布局，可以让观众处于持续的兴奋状态。而需要观众认真去听的某些内容，则可以通过重音、通过敲击声，向观众提问来提醒他们注意。

逻辑口才

讲话是否经过逻辑上的认真构思，将直接影响讲话的水平与效果。构思详细准确，讲话将更流畅、更充实，否则难免在讲话中出现各种纰漏。

开放式提问，给听众发挥空间

前面我们谈到，沟通是相互的，是双向的，演说中，与听众的互动也是如此，一些人在演说中如鱼得水、尽得听众掌声，而有些人却被听众冷落、一个人唱独角戏，其中一个重要原因就是听众对他的话不感兴趣。一个真正的演说高手似乎总是能营造出愉快的沟通氛围，而其实，这与他们善于以提问来挖掘听众的兴趣有关，听众一旦愿意听你说话，便会认同你，接受你。但事实上，提问也并非一件易事，因为我们的提问只有在发挥积极的作用下，对方才愿意回答。而这就要求我们多提积极的、开放的问题。因为通常来说，只有开放性的问题才能让听众回答的范围越来越广，也能产生积极的效果。

一个刚来到澳大利亚的中国留学生遇到了这样一件事。

一天，他在街上闲逛，走过来一个金发小姐 ，并对他说："您是中国人？"

"嗯。"他下意识地回答了一声。

"那么，我能问您几个问题吗？"

"但是我并不懂英语。"他打着手势，装作并不懂的样子。

"请放心吧，只是四个问题。"金发小姐对他微笑了一下，然后问了一连串的问题："您是学生还是参加工作了？您最想做的事是什么？将来想从事什么工作？对未来有何打算？"

听到金发小姐这些问题，他所有的疑问都消除了，他心想，在这样陌生的一个城市中，竟然还有人关心他，关心他的工作、生活，甚至未来等，于是，他也很诚恳地回答了金发小姐的问题："我还是学生，但我同时也在打工，每天我都感到很压抑，我没有朋友，因此，我希望和别人交往。在未来嘛，我当然希望从事我喜欢的工作并取得一定的成就。"

"您渴望交朋友、渴望让自己的生活丰富起来，也渴望成功，那么，您想过没，你可以选择一个媒介去帮您实现，对于

这一点，我就能告诉您。”

他感到十分惊奇，“她怎样帮助我实现？”于是，他在金发小姐的带领下，来到了她的办公室。接下来，金发小姐告诉他，她的工作是帮助那些有困难的人，根据他们的具体情况，为他们推荐他们需要的书籍，并且，这里的书籍可以享受九折优惠，于是，这位留学生在最后不得不买了金发小姐推荐的一本书。

在这个案例中，金发小姐成功推销出自己的书，就是因为她善于提问，而这些问题，是丝毫没有涉及推销的，并且是从关心留学生的角度提出的，因此，很快便使留学生消除了心理障碍。然后，她再适时地引入销售问题，让留学生产生一种继续想知道的愿望，随后，金发小姐成功推销。

同样，这一方法也可以被运用到演说中。的确，开放性的问题因为具有很大的回答空间，所以能激发听众的说话欲望，进而让听众参与到谈话中，听众在感受到轻松、自由的说话氛围后，便会对你的演说产生兴趣。

通常来说，开放性的提问方式，有一些典型问法，比如，“为什么……”“……怎（么）样”或者“如何……”“什么……”“哪些……”等。具体的问法就像案例中一样，需要我们认真琢磨和多实践才能运用自如。

当然，在提开放性问题的时候，我们还需要注意以下几点：

（1）以轻松的问题发问

以轻松的话题开头，最好不要直接涉及演说的主题。当然，以这种问法开头，要求我们掌握在交谈中的主动地位，这样问的目的在于一步步引导对方，在对方肯定了我们所有的问题后，自然会得出积极的结论。

（2）对于听众的回答，千万不要否定

演说中，如果当你提出某个开放性问题后，听众的回答你不认同，你甚至特别想说服他接受你的观点，此时，你最好不要一上来就否定他的观点，说他的观点是错误的、荒谬的，否则一定不会获得你想要的结果。相反，你应试着机智、委婉地说出你的观点，然后将听众引导到其他话题上来，从而让他们忘记自己原来的观点，这是能将话题继续下去的明智之举。

（3）避开听众的忌讳

事实上，每个人都有自己的忌讳，人人也都讨厌别人提及自己的忌讳。我们在提开放性问题的时候，最好要避开这类话题，把握分寸，不要伤害到别人的自尊心。

逻辑口才

人们都喜欢在轻松、和谐的环境中沟通，听众也是如此，我们是否能达到自己的演说目的，也与听众是否愿意互动有直接的关系，我们多提开放性的问题，能使听众产生回答的兴趣，从而愿意继续听下去，何乐而不为呢？

演讲者的语言表达方式

我们都知道，语言是交流的重要工具，语言表达是一个人能力的重要体现，也是一个人应具备的重要素质。相对于一般的谈话来说，演说的难度大得多，其中一个重要的方面就是遣词造句。演说要求我们有更高的语言表达能力，做到用词准确、一针见血，而不是在那泛泛而谈也说不出个所以然来。

所以，对于演说是有一定语言要求的，因为我们讲话的目的同样是为了向听众传达思想、表达观点，如果我们连语言表达都不清楚，那所造成的结果有可能是你在那里讲了大半天，听众却未必能明白其中的真意。如此，我们讲话不就等于白讲了！

因此，我们在演说的时候一定要句句达意，针对某个问题，要把其中的利害关系说清楚，把怎么办说清楚，并且使下面的人听了能完全意会，切忌在半空中论过去、议过来，主题散乱而不清晰。表达是否清晰将在很大程度上体现一个人的口才水平，还能够直接体现其思想理论功底、政策水平、逻辑思维能力。卓越的演说者总是能够清晰地表达自己的思想及观点，他们往往能透过现象看本质，一针见血地指出问题，然后清楚地指出解决问题的办法。

在一次会议上，某市委书记在谈到民生问题时说："这几年我们市改善民生工作富有成效，但对照人民群众的期望还存在不小差距。我听说现在有一句顺口溜，是这样说的：'生不起，剖腹一刀五千几；读不起，选个学校三万起；住不起，一万多元一平方米；娶不起，没房没车谁跟你；病不起，药费让人脱层皮；死不起，火化下葬一万几。’这句顺口溜可能不够准确全面，但也说明部分老百姓生活压力很大。只有提高居民收入，才能解决这些问题。”

在这次会上，市委书记的讲话可谓是“句句达意”，他开口并没有讲一些空洞的大道理，而是用群众中流传的一句“顺口溜”来谈民生问题，把问题说得深刻却不深奥，能够让人一听就能明白群众面临的具体困难，并且知道应该从哪些方面着手处理问题。这在当时给与会者留下了深刻而难忘的印象，以至于后来不少媒体为此撰文，以表达对这种讲话方式的肯定。

其实，我们演说是否实现了预期的目标，就看它是否被听众所理解、所接受了。当然，要想听众能够准确理解话中的含义，首要条件是需要我们具备良好的语言表达力，即清晰地表达自己的思想及观点。相反，如果我们的语言表述不够清楚，那么，听众就会听得一头雾水，似懂非懂，最后，他们自然不能配合我们采取相应的行动了。

很多时候，一个人之所以能用寥寥数语就能够赢得民心，重要的原因不在于他有多么好的口才、有多么强的语言表达能力，而是在于他的语言朴实无华，情深意切，打动人心。

要达到这一效果，演说中，我们要在语言上达到这样的要求：

（1）准确运用语言

我们讲话要注意语言运用的准确性，要做到“两通”“一短”。

两通，一是通俗。讲话往往是靠听者的听觉接受的，所

以，要让听者听清楚、听明白，语言就要恰当、通俗易懂。我们不要自以为是地追求一些华丽的辞藻，说一些生僻怪异、晦涩难懂的术语。讲话时，引用的古语典故也要准确，要注意听众和语言环境，要使人能够理解。

二是通顺，我们讲话要语言表达清楚，不要模棱两可，你说起来朗朗上口，听起来也要悦耳动听，千万不要用那些拗口、听起来别扭的语言。

“一短”就是句子要短，我们在讲话中应尽可能用短句子，有的句子太长了，就会让人听不清，容易让人产生误解。

（2）切合语境

演说中，我们一定要切合语境，就是指你要根据你说话的客观现场环境，包括时间、地点、目的以及讲话的内容等来开始发表你的讲话，这样才能更准确地表达自己的想法。有些人不管语境，而是自顾自地说，结果他在台上面说了大半天，台下面的听众还是不知道他所表达的意思到底是什么。

另外，我们讲话的内容一定要与自己讲话的时间、地点与场合相对应，否则就有可能让下面的人摸不着头脑。

逻辑口才

要想成功演说，就要增强自己的语言表现力，讲话要句句含真意，你的表述足够清晰，听众才会真正领悟到其中的真意。有效表达的首要条件是知道什么时候说什么话，表达要清晰、准确地反映你的思想、情感、情绪。

第十章 逻辑言辞，遣词造句有条理

生活中，我们常听到这样一句话：“你的话不符合逻辑。”这是由于违反逻辑规律造成的。所谓的逻辑规律，不是人们想象出来的，而是人们在长期的推理和思维实践中总结出来的。如果违反了它，就会造成思维和语言上的混乱。为此，我们在谈话中一定要遵守，这些逻辑定律有矛盾律、同一律、排中律和充足理由律。

如何理解概念的含义

前面我们谈到，在对话中，发话者和听话者提出的概念必须是明确的，这一情况适用于任何交谈和辩论。的确，在谈话中，为了减少误解，让沟通更顺畅，有时对使用的概念必须要明确其本义，否则就犯了偷换概念的错误。我们先来看下面几则例子：

例子一：

张某喜欢打麻将，隔壁李某上门劝说：“你们打麻将打搅别人休息。”

李某回说：“你说我们打搅的是别人，又没有打搅你。”

例子二：

A：你有烧水的水壶吗？

B：有。

A：那借给我烧下开水。

B：你烧开水还用借水壶吗？水是开的用不着烧了。

A：那我烧冷水好了吧？

B：不行啊，我水壶是烧开水的。

A：那我烧开水好吗？

B：开水还用烧吗？

……

以上两则例子是常见的偷换概念，在例子一中，张某话语里说的“别人”泛指的是除了李某屋里打麻将者以外的所有人，当然也包括张某自己，但是李某缩小了张某的概念，所以才说出了“又没有打扰你”的话。

而在例子二中，面对A来向自己借水壶，B反复几次偷换概念，“开水”是“开”的，自然是不用烧了，而他又说自己的水壶是用来烧开水的，如此反复。其实，对于A来说，面对B故意偷换概念，他可以回答：“把你的水壶借给我烧下水。”避开“开水”与“冷水”的话题，也就避免了对方偷换概念了。

逻辑学上的偷换概念，指的是将一些似乎一样的概念进行偷换，实际上改变了概念的修饰语、适用范围、所指对象等具体内涵。

偷换概念是一个歪曲对手言论的逻辑谬误。犯下这谬误者会把对方的言论重新塑造成一个容易推翻的立场，然后再对这立场加以攻击。偷换概念是修辞学的技巧，也可以用来对人们作出游说，但事实上，这只是误导人的谬误，因为对方真正的论据并没有被推翻。

偷换概念就是把一件事物的本来意义用狡辩的手法换成另外一种看起来也能成立的解释，混淆是非，把假的搞成了真的，转移对方的注意力，以达到某种目的。中国的成语“偷梁换柱”“以假乱真”“浑水摸鱼”“顾左右而言他”等都多少表现了偷换概念的那种意境。

以下是一些偷换概念的表现：

①对对方言论作出曲解，把它推翻，再假装已经推翻了对方真正的言论；

②断章取义——从对方真正的言论中选取有误导性的段落；

③选取其他与对方拥有相同立场的人，把他们支持该立场的软弱论据推翻，再假装已经辩倒“所有”拥有该立场的人，以推翻该立场；

④虚构一个行为和信念遭受批评的人物，再声称该人物为对方言论不可或缺的一部分；

当然，此处我们要强调的依然是，谈话中要避免出现概念偷换的情况，就要明确概念，这样，才能让听者明确本义，加强彼此沟通。我们再来看看下面几则谈话中概念不明确的语句：

①“你说，读完北京大学用多少时间？”

②“你相信吗？我会用黑墨水写出红字来。”

③“把冰变成水最快的办法是什么？”

④“早晨醒来每个人都要做的事是什么？”

我们对这四句话进行分析：

按正常人的思维，读完北京大学，就会想到读完本科，整个过程当然要四年，要是读研究生还要更长时间。偷换概念后就成了把“北京大学”四个字读完用多少时间，当然只要一秒钟。这是平常思维的人都想不到的。

用黑墨水怎么会写出红色的字来？一般人打死都不会相信。偷换概念后，就变成我能用黑墨水写出“红”这个字来，不是写出红色的字。

同样，用偷换概念方法，把冰变成水，只要把“冰”这个字，抹掉两点水的偏旁，不就成了“水”字？

早晨醒来先做什么，而且是大家都要做的事？其实很简单，就是睁开眼睛。出题的人故意偷换概念，让大家往正常的思维方向去想，当然就不会得出理想的答案来。

当然，把对方的论点小心地描述和推翻并非经常是个谬误。这手法可以限制对方论点的范畴，使其离题，或者作出穷举法论证的一步。

比如，德国大文豪歌德曾经在路上遭遇一名不友善的人。这个人认识歌德，但竟然当面对歌德说：“我不会让路给傻瓜。”

歌德说：“我正好相反。”然后给那个人让开一条路。

总之，在谈话中，我们要明确概念和本义，以避免出现沟通中的误解，但是，若出于反驳他人的目的，就另当别论了。

逻辑口才

谈话中，如果表达的概念不清晰、不明确的话，不但会导致误解，还会造成事与愿违的结果。

失言之后，妙语补救

“人有失足，马有失蹄。”在交谈中，无论凡人名人，都免不了发生言语失误，尤其是在犯了逻辑错误的情况下，很容易贻笑大方，或纠纷四起，有时甚至不堪收场。

经验不足的人碰到这种情况往往懊恼不已，心慌意乱，越发紧张，接下去的表现更为糟糕。如果我们能来个将错就错，借题发挥，把错话说“圆”，则可以轻松地摆脱窘境。言多语失时，最重要的就是要镇定自若、处变不惊，飞速地转动大脑，思考弥补口误的方法。

在实际谈话中，遇到失言的情况，有四个补救的小技巧可供参考：

（1）改义法

这种方法就是在错话出口之后，能巧妙地将错话续接下去，最后达到纠错的目的。其高妙之处在于，能够不动声色地改变说话的情境，使听者不由自主地转移原先的思路，不自觉地顺着自己的思维走，随着自己的语言表达而产生情感波动。

在一次婚宴上，来宾争着向新人祝福。有一位女士激动地说道：“走过了恋爱的季节，就步入了婚姻的漫漫旅途，你们现在就好比是一对旧机车……”其实她本想说“新机车”，却一时口误，霎时举座哗然。这对新人的不满更是溢于言表，因为他们都是各自离异，历尽波折才成眷属的，自

然以为刚才之语隐含讥讽。那位女士发觉言语出错，连忙住口。她的本来意思是要将一对新人比作新机车，希望他们能够少些摩擦，多些谅解。但语既出口，若硬改过来，反而不美。她马上镇定下来，不慌不忙地补充了一句："你们现在就好比是一对旧机车装上了新的发动机。"此言一出，举座称妙。继而，她又深情地说道："愿你们以甜美的爱情为润滑油，开足马力，朝着幸福美满的生活飞奔吧！"餐厅顿时掌声雷动。

（2）引申法

迅速将错误言辞引开，避免在错中纠缠。比如，可以接着那句话之后说："我刚才那句话还应作如下补充……"然后根据当时的情境，作出相应的发挥，这样就可将错话抹掉。

（3）移植法

就是把错话移植到他人头上。如说："这是某些人的观点，我认为正确的说法应该是……"这就把自己已出口的某句错误纠正过来了。对方虽有某种感觉，但是无法认定是你说错了。

赵峰是上海人，就读于复旦大学，本科毕业直读硕士，硕士毕业以后找到了一个很不错的工作。一次，赵峰和小刘一起去吃饭，席间说到上海的交通问题，在上海土生土长的赵峰顺口发表评论："上海这几年交通恶化实在是因为外地来的大学生太多，都说应该好好严格户口制度，二三流大学的家伙就不要再给他们机会了。"说完之后，他立刻意识到，小刘本人就是二流学校毕业，从四川到上海来发展的，于是他连忙补救道："当然，这是少数人的说法，这种说法太片面了，任何学校都有优秀的毕业生，而上海市的建设与发展，也离不开在上海的各地人的共同努力。"

（4）转移法

说错了话，要学会巧妙地转移话题，化解尴尬场面。如用幽默或玩笑的方式转移目标，把紧张的话题变成轻松的玩笑等，也可以巧妙地运用"挪移"手法，把别人的注意力吸引到其他方面。

一位老师普通话不过关，有一次上语文课，讲到某一问题要举例说明时，把"我有四个比方"说成了"我有四个屁放"，一时教室里像炸开了锅，学生笑得不可收拾。老师灵机一动，吟出一首打油诗："四个屁放，大出洋相，各位同学，莫学我样，早日练好普通话，年轻潇洒又漂亮。"老师的机智幽默赢得了学生的热烈掌声。

这位老师四两拨千斤，一首打油诗，就把自己的口误变成了对同学的激励，同学们在反思之余，自然就不会再把"四个屁放"当乐子了。

当然，能否快速将自己从失语中解救出来，关键是要看一个人的应变能力，应变能力反映一个人的机智和修养。当然，应变能力是以人生经验为基础的，只有多次实践，并总结经验，才能变得聪明老练。

逻辑口才

谈话中，发生口误在所难免，此时不管你是一味发窘还是拼命掩饰，都会使事情更为糟糕。这时候要稳住心神，寻找补救的方法。

沟通中防止双双否定

在前面的章节中我们提到，谈话中的概念必须要明确，这也是为了保证思想的明确性，更是为了保证谈话的顺畅，这是思维正确的前提。在逻辑的三大基本定律中，我们已经分析过矛盾律和同一律，另外还有排中律。

所谓排中律，指的是在同一思维过程中，两个互相矛盾的思想不能同假，必有一真。排中律的公式是："A或者非A"。

排中律的逻辑要求是：对于两个互相矛盾的判断，必须明确地肯定其中之一是真的，不能对两者同时都加以否定。对于两个互相矛盾的命题，如果有人既不承认前者是真的，又不承认后者是真的，或者说，如果有人既认为前者是假的，又认为后者也是假的，那么此人的思想就陷入了我们习惯所说的"模棱两可"之中（实际上应该叫作"模棱两不可"）。

模棱两可是一种常见的违反排中律要求的逻辑错误。所谓模棱两可，就是在两个互相矛盾的命题之间，回避作出明确的选择，不作明确肯定的回答，既不肯定，也不否定。我们来看看下面这一则故事：

有一块空地可以种庄稼，甲、乙两人讨论这块地种什么庄稼好。甲一会儿说应该种小麦，一会儿又说不应该种小麦。针对甲的说法，乙说："你的两种意见我都不同意。"试分析甲、乙两人犯了什么逻辑错误。

这里，甲的说法违反了矛盾律的要求，犯了"自相矛盾"的错误，因为他同时断定了这块空地"应该种小麦"和"不应该种小麦"这两个相互矛盾的判断。针对甲的说法，乙的说法违反了排中律的要求，因为排中律认为两个互相矛盾的判断不能同假，而乙恰好断定上述两个判断都是假的。

违反排中律的原因，往往是由于在"是"与"非"之间含糊其词的，持骑墙居中的态度；或者由于认识模糊，把具有矛盾关系的思想混为一谈。

所以，我们可以说，在同一思维过程中，如果对两个互相矛盾的思想，既不承认这个，又不承认那个，那就违反了排中律的要求，双双否定的情况也是不存在的，为此，我们在说话中也要尽量避免这一逻辑错误，这样才能正确地反映客观事物，也能达到沟通目的。

不过，在现实的沟通中，有些情况下，违反排中律的情况并不是单独出现的，而是掺杂着其他的情况，需要我们一一分析。比如：和平中学的四位老师在高考前对某理科毕业班学生的前景进行推测，他们特别关注班里的两个尖子生。

张老师说："如果陈勇能考上北大，那么方林也能考上北大。"

李老师说："依我看这个班没有人能考上北大。"

王老师说："不管方林能否考上北大，陈勇考不上北大。"

赵老师说："我看方林考不上北大，但陈勇能考上北大。"

高考的结果证明，四位老师中只有一人的推测成立。

如果上述断定是真的，则以下哪项也一定是真的？

A.李老师的推测成立。

B.王老师的推测成立。

C.赵老师的推测成立。

D.如果方林考不上北大，则张老师的推测成立。

E.如果方林考上了北大，则张老师的推测成立。

正确答案：E。

题干中张老师和赵老师的推测形式分别是"如果P则Q"和"P并且非Q"，互相矛盾，根据矛盾律和排中律，其中必有一个推测成立且只有一个成立，另一个不成立。又由条件，四人中只有一人的推测成立，因此，李老师和王老师的推测均不成立，即事实上陈勇考上了北大。因此，如果方林考上了北大，则张老师的推测成立，即E项为真。

逻辑口才

在同一思维的过程中，两个互相否定的思想必有一个是真的。所以，交谈中，双双否定的情况是不存在的，我们应尽量避免。

不弄虚假，说话有理有据

说话要诚实、有据可依，这是尽人皆知的道理，并且，从逻辑学的角度考虑，这是符合逻辑定律中的充足理由律的。充足理由律的内容是：在同一思维和论证过程中，一个思想被确定为真，总是有充足理由的。

这里所说的思想通常是指其真实性需要确定的判断，因此充足理由律可以表述为：p真，因为q真，并且由q能推出p。

也可以用符号公式表示为：

$$[q \land (q \to p)] \to p$$

在上述表达式中，“p”代表其真实性需要加以确定的判断，我们称它为推断。“q”代表用来确定“p”真的判断（也可以是一组判断），我们称之为理由。因此“$[q \land (q \to p)] \to p$”的意思是说：一个判断“p”所以被确定为真，是因为“q”真，并且由“q”真可以推出“p”真。在这里“q”就是“p”的充足理由。

充足理由律的逻辑要求主要有两条：

第一，理由必须真实；

第二，理由与推断之间要有逻辑联系。

但必须指出，充足理由律本身并不能为人们提供真实理由。因为在一个论证中，理由究竟是真是假，这不能由充足理由律来确定。这样的问题只能由实践和各门具体科学来解决。

违反充足理由律的要求，就会犯“理由虚假”或“推不出”的逻辑错误。

（1）理由虚假

以主观臆造的理由为依据进行论证，就是犯人“理由虚假”的逻辑错误。

（2）推不出

有时，理由孤立地来看是真实的，但它同推断没有必然联系，理由推不出推断。

充足理由律主要是用来保证思维的论证性。说话、写文章或著书立说只有具有论证性，才能具有真正的说服力。

同样，我们在谈话中，按照这一逻辑要求来说话，也会让话语更有说服力。

“狼来了”的故事，我们都听过：

从前，有个放羊娃，每天都去山上放羊。

一天，他觉得十分无聊，就想了个捉弄大家寻开心的主意。他向着山下正在种田的农夫们大声喊：“狼来了！狼来了！救命啊！”

农夫们听到喊声急忙拿着锄头和镰刀往山上跑，他们边跑边喊：“不要怕，孩子，我们来帮你打恶狼！”

农夫们气喘吁吁地赶到山上一看，连狼的影子也没有！放羊娃哈哈大笑：“真有意思，你们上当了！”农夫们生气地走了。

第二天，放羊娃故技重演，善良的农夫们又冲上来帮他打狼，可还是没有见到狼的影子。

放羊娃笑得直不起腰：“哈哈！你们又上当了！哈哈！”

大伙儿对放羊娃一而再再而三地说谎十分生气，从此再也不相信他的话了。

过了几天，狼真的来了，一下子闯进了羊群。放羊娃害怕极了，拼命地向农夫们喊：“狼来了！狼来了！快救命呀！狼真的来了！”

农夫们听到他的喊声，以为他又在说谎，大家都不理睬他，没有人去帮他，结果放羊娃的许多羊都被狼咬死了。

从这个故事中，我们可以看出，说话真实是取得信任的前提条件，没有谁喜欢听谎言。另外，沟通中，如果我们发现对方的话站不住脚，也要懂得利用口才技巧击破谎言。

逻辑口才

在任何形式的谈话中，我们都要求概念必须是真实可信的，是有据可依的，这样才能经得起逻辑的推敲，才更有说服力。

不以主观判断为依据

生活中，人们常说“没有调查就没有发言权”“实践才是检验真理的唯一标准”。我们在与人交谈的过程中，要想让自己的话更有说服力，就绝不能信口开河、仅凭自己主观臆断。然而，我们发现，确实有一些人在谈话时以自己先“入”的主观认识为理由，这些理由都是没有接受过检验的，而这一点是违反充足理由律的。

所以，人们对于事物的看法必须要接受客观事实的检验，不能随心所欲地谈话，否则只会经常被证明自己的观点是错误的。

要避免这一点，我们最好能做一些有针对性的调查工作，这不仅能帮助我们找到说话时受用的材料，让我们的话更有说服力，也能帮助我们选择适宜的讲话方式，改进讲话效果。

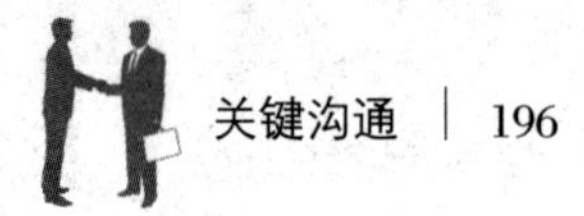

我们先来看下面的案例：

在钱锺书先生的小说《围城》中，有个主人公叫方鸿渐，他留洋回国后，家乡的一所学校请他去给学生们作次演讲。而这位方先生实际上肚中并没多少墨水，只是挂个留学生的虚名而已，却又因为面子问题而不好推辞。

演讲前的头一天晚上，他准备查找一些资料的，却毫无头绪，只得胡乱看了几本书。就这样，第二天演讲时，他又因仆人拿错衣服忘带了讲稿，为了应付，便大谈自己熟悉的有关鸦片与妓女的话题，弄得在场的人都很尴尬，他自己也因此而臭名远扬。

这里，方鸿渐为什么出尽了洋相？很明显是准备不充分，不但没有做好充分的调查工作，甚至连基本的主题都没有确定，临时发挥时只好胡说一气。

谈话中，一个观点你要想说清楚、透彻，一件事情要想说得可信，你都必须对有关事实进行调查研究，掌握充分的事实材料。这些事实材料，不但使得你的讲话内容有保证，还能增强你在说话时候的底气，而如果你不准备材料，或者缺少材料，那么，说话时你只能勉强说，甚至根本不知从何说起，这样，你自己说得痛苦，对方也听得无趣。

事实上，那些善于说话者从不说空话和大话，而是极善于调查研究的，他们的演讲都是经过很长时间深入基层、深入群众调查后才发表的。

我们先来看下面一个领导者的管理教训：

刘洋是一名海归，现在在一家网络公司担任财务总监，在他上任半年后，公司上司让他代表中层管理者作一次演讲。

该怎样确定演讲主题呢？想来想去，他还是决定谈自己的老本行。于是，他决定对公司的账目进行一次大审查，经过调查，刘洋发现，这一年来，居然根本没有盈利。到底是哪里出了问题？

他找来财务人员才知道，原来一直以来，他忽视了一个问题，网络公司在网站维护上的成本投入太多。而造成这一问题的原因就在于公司在这一方面人员的多余，很多工作，同一个员工就可以解决，却安置了太多的闲余人员。

在找到这些原因后，刘洋在公司的演讲大会上还提出了一些更细致的解决方案，比如，公司员工的奖金制度应该加以调整并细化，员工的考勤制度也应该明确化……

公司的高层领导对刘洋的演讲表现很满意，并采用了他的方案，在经过一系列的调整后，第二年的第一个月，这家公司就呈现出一片大好的发展趋势。

与第一个案例中方鸿渐的做法不同，财务总监刘洋为这次演讲进行了全方位的调查，找到了公司的财务问题，并在演讲中提出了具体的措施，自然会赢得领导的认同。

的确，在谈话中，说者和听者其实都有自己的想法，都是理智的，如果你希望对方能接受你的想法和观点，最好出示有力的证明、有说服力的调查数据等，而完全凭自己的主观看法是无法打动对方的。

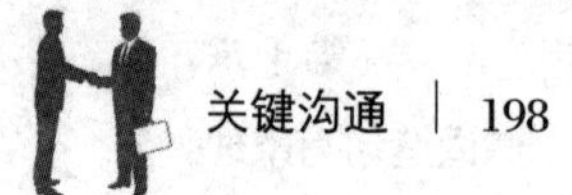

逻辑口才

谈话中，你的观点是否可信，在于你的证据是否可信，你的论证是否符合逻辑。这需要你列举出一些有说服力的证据，通过论证的方式将各种观点的优劣、长短逐一比较分析，而这都需要你事先做好调查工作。

参考文献

[1]晓印.肖琼娜，演讲与口才的逻辑[M].北京：人民邮电出版社，2016.

[2]武颖.口才的逻辑与技巧[M].北京：中国纺织出版社，2017.

[3]李劲.超级说服力[M].苏州：古吴轩出版社，2016.

[4]陈浩.逻辑说服力[M].北京：中华工商联合出版社，2017.